Cesare Beccaria

《论犯罪与刑罚》1764年在意大利首次出版时使用的作者画像

DEI DELITTI E DELLE PENE
Cesare Beccaria

论犯罪与刑罚

增编本

◆

〔意〕切萨雷·贝卡里亚 著
黄 风 译

图书在版编目(CIP)数据

论犯罪与刑罚/(意)贝卡里亚(Beccaria,C.)著;黄风译.
—增编本.—北京:北京大学出版社,2014.10
ISBN 978-7-301-24785-3

Ⅰ.①论… Ⅱ.①贝… ②黄… Ⅲ.①犯罪学 ②刑罚—研究 Ⅳ.①D917②D914.04

中国版本图书馆CIP数据核字(2014)第205095号

书　　　名：论犯罪与刑罚
著作责任者：〔意〕切萨雷·贝卡里亚　著　黄　风　译
责 任 编 辑：曾　健
标 准 书 号：ISBN 978-7-301-24785-3/D·3669
出 版 发 行：北京大学出版社
地　　　址：北京市海淀区成府路205号　100871
网　　　址：http://www.yandayuanzhao.com
新 浪 微 博：@北京大学出版社 @北大出版社燕大元照法律图书
电 子 信 箱：yandayuanzhao@163.com
电　　　话：邮购部 62752015　发行部 62750672
　　　　　　编辑部 62117788　出版部 62754962
印　刷　者：北京中科印刷有限公司
经　销　者：新华书店
　　　　　　850毫米×1168毫米　32开本　8.125印张　163千字
　　　　　　2014年10月第1版　2022年8月第8次印刷
定　　　价：58.00元

未经许可,不得以任何方式复制或抄袭本书之部分或全部内容。
版权所有,侵权必究。
举报电话：010-62752024　电子信箱：fd@pup.pku.edu.cn

写在《论犯罪与刑罚》问世 250 周年之际

黄 风

1764 年 7 月 16 日,一本 6 万余字的小书《论犯罪与刑罚》悄然问世,作者隐姓埋名,出版社也没敢亮出自己的牌子。当时谁也没能料到,这本由一位年仅 26 岁的毛头小伙撰写的小书,却开创了现代刑法的纪元,在随后 250 年进程中令严酷的刑罚越来越焕发出人性,也让一个名字传遍世界,并且在最近 30 年中迅速深入到中国刑法学者以及广大法律学子的心中,此人就是切萨雷·贝卡里亚。

一

随着"文革"之后法学教育在中国的恢复,从 20 世纪 70 年代末、80 年代初开始,在大学校园中流传起贝卡里亚《论犯罪与刑罚》的中译本。笔者最早见到的是中国人民大学刑法教研室和北京政法学院刑法教研室分别印制的油印本。后来,从一位通过书信结识的、当时正在西南政法学院读书的学友那里获得了一个铅印本[1],封面上印着"论犯罪与刑罚 切查列·贝加利亚 西南政法学院刑法教研室翻印 一九八〇年十月"。这些在中国校园中流传的《论犯罪与刑罚》中译本,无论是油印的还是铅印的,译文表述基本上一致,显然均出自同一译者之手,但都找不到译者署名。据说是从俄文翻译过来的,该译本所采用的版本的体例(即曾在俄国流行的"47章版")以及作者译名的特点,似乎能够印证这一说法。

一本法学名著以这样的方式开始流传,这说明当时中国的政治氛围及意识形态管制仍然相当严厉,贝卡里亚学说的传播与探讨还面临着一定的风险。这也从一个角度证实,刚刚摆脱文革浩劫的中国,在刑事司法方面,与《论犯罪与刑罚》匿名问世时的欧洲有着何等相似的境况,都处在与罪刑擅断主义进行决裂的阵痛之中。

1980年的某一天,笔者去中国社会科学院法学研究所拜访《法学译丛》的主编潘汉典教授,潘老知道我粗通意大利语并对翻译法学作品颇有兴趣,谈话间从背后的书架上抽出一本法文版的《论犯罪与刑罚》展示给我,殷切地说:这是最值得翻译的意大利文法学名著,希望我能尝试着找找意大利原文版。回到家后,我抱着试试看的想法,给"意中友协"

---

[1] 这位学友就是后来担任过最高人民检察院副检察长和国务院法制办公室副主任的张穹先生。张穹是我国最早在法学期刊上撰文系统评介贝卡里亚刑法思想的学者之一,文章发表时他正在大学读书。在寄赠给笔者的这个铅印本上,有张先生帅气的签名及"元月五日"落款,看得出来,张先生是将自己的藏书赠送给了笔者。

（Associazione Italia-Cina）写信请求帮助。几个月后，我突然收到一份电传，通知我去瑞士航空公司驻京办事处领取包裹，那是我第一次进入位于建国门附近戒备森严的外交公寓大楼，领到是一小箱从米兰发出的意大利文法律书籍，其中有一本装帧精美的《论犯罪与刑罚》。

1993年6月，从意大利文迻译的《论犯罪与刑罚》中译本由中国大百科全书出版社正式出版，并被作为江平教授主编的"外国法律文库"的第一本译著。这个中译本所依据的，正是"意中友协"寄来的、由意大利著名刑事诉讼法教授江·多麦尼哥·皮萨比亚先生❶编辑，并由意大利鸠弗雷（Giuffre）出版社于1973年出版的版本。从翻译到出版大约花费了12年的时间，译文反复修改了十余稿，大部分章节的意大利原文我当时几乎能够背诵下来。2002年9月，在与"外国法律文库"编委会签订的翻译、出版合同有效期届满后，中国法制出版社承接了《论犯罪与刑罚》中译本的出版工作。该出版社在第一版发行两年后，将此书纳入"外国法学名著"丛书，于2005年1月推出采用不同封面设计的第二版。

所有上述版本，均以意大利鸠弗雷出版社1973年版本为依据。需要特别说明的是，这个意大利文版本并不是贝卡里亚1764年的原作版本，而是《论犯罪与刑罚》一书最早的

---

❶ 江·多麦尼哥·皮萨比亚（Gian Domenico Pisapia，1915—1995）系意大利米兰大学教授，著名的刑事律师，曾经担任意大利新刑事诉讼法典起草委员会主席。

法文译者莫雷莱(Andre Morellet)先生对原作重新编排后形成的版本。莫雷莱是法国百科全书派思想家之一,他在翻译贝卡里亚的作品时,采用同类合并的方式,对原作的一些章节和段落加以重新组合与调整,将原作的47章改编为42章。为区别起见,人们称莫雷莱的改编版本为"42章版",并称贝卡里亚的原作版本为"47章版"。对于莫雷莱所作的调整,贝卡里亚曾经给予肯定,称其法文译本"使原作增色添彩","对作品所作的编排更为自然,因而比我编排的次序更为可取"。❶ 这些话不知是肺腑之言,还是恭维之语,实际上,贝卡里亚在随后再版《论犯罪与刑罚》时,仍然沿用着自己的"47章版"编排次序。无论怎样,"42章版"与"47章版",至今均被学界认为具有同等的权威性。

第一个根据意大利原文翻译的"47章版"中译本出现在2004年,由中国方正出版社以精装形式出版,所依据的是意大利加尔赞第(Garzanti)出版社1987年版本,附有在英语世界最为流行的"47章版"英译本,以便懂英文的读者对照阅读。❷ 2008年11月,笔者与北京大学出版社合作,推出了新的《论犯罪与刑罚》"47章版"中译本,这个版本的版式典雅而朴素,并收入笔者撰写的《贝卡里亚及其刑法思想》一文作为导读,出版后尤其受到大学生们的青睐,在5年中先后印刷了8次,很快成为国内最有影响的版本。

---

❶ 引自贝卡里亚1766年1月26日写给莫雷莱的书信。
❷ 这个英译本文字非常流畅,但是,相对于意大利原文版本,存在严重的漏译情况。

在中国正式出版的《论犯罪与刑罚》中译本,到底有着怎样的发行量,这是一个很难统计的数字,除大百科全书出版社出版的该书"42章版"在2005年第7次印刷时于版权页标明"印数:34001—44000册"外,其他各个版本均未在版权页标明印数。保守估计应该超过了10万册。根据学者对1978年至2007年数据的统计,在中国,贝卡里亚《论犯罪与刑罚》一书,已经成为"30年合计影响排序"前10位的人文社科作品,而且是唯一入选的大陆法系外国学术作品。❶

二

截至2014年5月1日,已有3548人在当当网《论犯罪与刑罚》购书网页上留言,其中一位读者写道:"通读全书后,深深为贝卡里亚先生的智慧所震惊,时至今日刑法领域仍然在讨论研究的热点问题,贝先生竟然在两百多年前就早已经提出。相信这本小册子中的内容,在今后相当长时段内仍然是研究刑法学所必须参考的,其相当内容也仍然是研究和讨论的热点。看过本书,才知道什么叫'浓缩的才是精华'!"

《论犯罪与刑罚》在中国读者,尤其是法律学子和刑法工作者中产生了深远影响,这种影响不仅潜移默化地构建着他们的法律意识和价值观念,也体现在他们维护刑事正义与人类尊严的追求与行动当中,并通过这些个人塑造着中国刑事法治的精神。翻开中国1978年以来的刑事立法文献,人们

---

❶ 参见凌斌:《中国法学30年:主导作品与主导作者》,载《法学》2009年第6期。

可以清楚地看到,贝卡里亚在250年前写下的精辟论述已经变成或者落实在中国法律之中。

贝卡里亚说:"只有法律才能为犯罪规定刑罚。只有代表根据社会契约而联合起来的整个社会的立法者才拥有这一权威。""超越法律限度的刑罚就不再是一种正义的刑罚。"[1]饱受罪刑擅断之苦的中国,别无选择地接受了贝卡里亚首创的罪刑法定原则,在《刑法》第3条中明确规定:"法律明文规定为犯罪行为的,依照法律定罪处罚;法律没有明文规定为犯罪行为的,不得定罪处刑。"

贝卡里亚说:"如果说对于无穷无尽、暗淡模糊的人类行为组合可以应用几何学的话,那么也很需要有一个相应的、由最强到最弱的刑罚阶梯。然而,对于明智的立法者来说,只要标出这一尺度的基本点,不打乱其次序,不使最高一级的犯罪受到最低一级的刑罚,就足够了。"[2]遵循这一论述,中国《刑法》设计了由主刑和附加刑组成的由重到轻的刑罚阶梯,在第5条中规定:"刑罚的轻重,应当与犯罪分子所犯罪行和承担的刑事责任相适应",并在总则中设置了"刑罚的具体运用"专章,以确保刑罚与犯罪相对称原则的实现。

贝卡里亚说:"在法官判决之前,一个人是不能被称为罪犯的。只要还不能断定他已经侵犯了给予他公共保护的契约,社会就不能取消对他的公共保护。"[3]经过围绕无罪推定

---

[1] 见本书第14页。
[2] 见本书第22页。
[3] 见本书第46页。

原则的激辩,中国《刑事诉讼法》终于采纳了贝卡里亚的观点,在第12条中写道:"未经人民法院依法判决,对任何人都不得确定有罪。"

贝卡里亚怒斥刑讯"是对人思想的暴虐",是"想让痛苦成为真相的试金石,似乎不幸者的筋骨和皮肉中蕴藏着检验真相的尺度","罪犯与无辜者间的任何差别,都被意图查明差别的同一方式所消灭了"。❶ 为消除刑讯这一刑事司法的毒瘤,中国《刑事诉讼法》第50条规定:"……严禁刑讯逼供和以威胁、利诱、欺骗以及其他非法方法收集证据,不得强迫任何人证实自己有罪……"中国《刑法》第247条和第248条将刑讯逼供、暴力逼取证言、体罚虐待等行为作为犯罪加以惩治。

《论犯罪与刑罚》的最大篇幅被用于鞭挞死刑,正是由于这一原因,这本书在中国曾经遭遇忌讳,被认为与中国关于死刑的刑事政策相背离。随着心灵在和睦社会状态中的不断柔化,越来越多的中国学者和民众为贝卡里亚对刑罚人道化的孜孜追求所感动,从内心深处发出共鸣,并将贝卡里亚作为限制和废除死刑的一面旗帜。近十几年来,在死刑问题上的禁忌已经被彻底打破,废除死刑已成为学者和民众公开和热烈讨论的话题。中国刑事立法者开始采取实际步骤实现人类的"废除死刑梦",2012年《刑法修正案(八)》废止了针对13种犯罪的死刑,同时规定:对于已满75周岁的人,不适用死刑。

---

❶ 见本书第49—50页。

谈到死刑,我们似乎应当对贝卡里亚的思想作更为全面的解读。基于对人类趋利避害本性的理解和同情,贝卡里亚刑法学说贯穿着鲜明的功利主义观念,在死刑问题上同样如此。在贝卡里亚看来,"死刑并不是一种权利","而是一场国家同一个公民的战争,因为,它认为消灭这个公民是必要的和有益的"。"当一个国家正在恢复自由的时候,当一个国家的自由已经消失或者陷于无政府状态的时候,这时混乱取代了法律,因而处死某些公民就变得必要了。"❶实际上,迄今为止这种"战争"在世界所有国家都还存在,包括在那些表面上已经废除了死刑的国家,在那里,警察和其他执法人员仍然携带着最先进、最精良并且具有强大杀伤力的武器进行巡逻和守卫,以施用"死刑"的可能性保护着社会和民众免遭某些亡命之徒的侵害;在任何国度,谁都不敢说那些以社会为敌的亡命之徒已经彻底销声匿迹并且永远不会复出,2011年7月发生在挪威于特岛上的屠杀就是一个例证。❷

从这个意义上讲,中国在废除死刑进程中采取稳步推进的策略是现实的和必要的,可以说,同样与贝卡里亚的思想并行不悖。我们反对并且希望消灭死刑这一"战争",但是,现在仍需要借助这种"战争"进行社会防卫,仍需要不断创造必要的社会条件,力争在不远的将来真正地(而不是形式上)废止这种"战争"。这才是贝卡里亚的梦想。

---

❶ 见本书第77页。
❷ 2011年7月22日,32岁的杀手布雷维克(Anders Breivik)使用自动武器进行扫射,在挪威风景优美的于特岛血洗了一个青少年夏令营地,共造成77人死亡,震惊世界。

三

《论犯罪与刑罚》出版后,贝卡里亚又撰写了不少作品,涉及经济、金融、美学和法律等领域,其中有6篇是关于犯罪和刑罚问题的咨询意见书,它们是:1790年的《关于警察机构》、1791年的《关于政治犯罪问题的简略思考》、1791年的《关于无期徒刑监狱的计划》、1789年至1791年的《改善被判刑人的待遇》、1791年的《关于矫正所》和1792年的《关于死刑的意见》。❶ 这6篇文章都是在贝卡里亚走上仕途后撰写的,客观地说,多了一些圆滑和官腔,少了一些犀利和朴实。但是,有两篇意见书仍然充盈着关于犯罪与刑罚的人道主义哲学思考,是贝卡里亚刑法思想的重要组成部分,可以说,构成《论犯罪与刑罚》的续篇。

《关于政治犯罪问题的简略思考》进一步阐发了作者关于犯罪分类和罪刑对称的思想,认为应当把那些本性在于直接破坏社会关系的犯罪,同那些只是间接损害社会的违法行为区分开来,前一类行为被贝卡里亚称为真正的"刑事犯罪",它的前提条件是"罪恶意图和自由意志";后一类行为则被贝卡里亚称为"政治犯罪"(后来被人们称为"行政犯"),它不以"罪恶意图"为前提,而只要求具备"损害行为",对它们的定性则主要来自实证法律,实际上属于人们所说的"被禁止之恶"。基于这样的分类,贝卡里亚提出:"应当根据截然

---

❶ 这6篇文章笔者已翻译成中文,并于2010年8月由北京大学出版社结集出版,书名为《贝卡里亚刑事意见书6篇》。

不同的原则来分别调整针对刑事犯罪的处罚立法和针对政治犯罪的处罚立法。因为,对于刑事犯罪,应当更加注重的是树立戒鉴,而不是矫正个人;相反,对于政治犯罪来说,应当更加注重的则主要是矫正,而不是树立戒鉴。"对于上述政治犯罪的刑罚应当"比较温和,持续的时间不那么长,并且尽可能地不具有羞辱性,因为,一旦产生了羞辱性,就会使矫正的希望落空"。❶ 据此,贝卡里亚建议取消针对政治犯罪的杖刑、示众刑等任何带有折磨性或羞辱性的刑罚。

《关于死刑的意见》可以算是贝卡里亚的绝笔之作。在这篇文章中,贝卡里亚尖锐地针砭了死刑的另一弊端,即:不可补救性。这是作者在《论犯罪与刑罚》中所没有提到的。贝卡里亚以其特有的思辨和细腻,对司法错误的不可避免性作出分析,指出:死刑的适用使一切潜在的司法错误变成不可挽回。"事实上,根据对所有法律制度的考察,人们发现,判处罪犯死刑的充足证据,从来都达不到排除上述相反可能性的程度。即使提供证言的证人为两人以上,即使关于犯罪嫌疑的证据数量繁多且相互独立,并且这些证据都得到被告人供述的印证,上述证据仍超不出道德肯定性的范围,经过认真考察,这种道德肯定性只不过是一种最高的可能性,别无可说。几乎在所有的国家都出现过这样的事例:一些臆想中的罪犯被判处了死刑,原因就是所依据的证据被推测为不可辩驳的。""死刑作为不可补救的刑罚,相对于人类证据不

---

❶ 参见[意]切萨雷·贝卡里亚:《贝卡里亚刑事意见书6篇》,黄风译,北京大学出版社2010年版,第37—39页。

可避免的不完善性,是不足取的。"❶

值《论犯罪与刑罚》问世250年之际,笔者对该书的中译文再次进行了校订,并把这两篇体现着贝卡里亚刑法思想重要发展的文章加以收录,在"47章版"中译本的基础上形成《论犯罪与刑罚》(增编本),以飨读者,以志缅怀。

---

❶ [意]切萨雷·贝卡里亚:《贝卡里亚刑事意见书6篇》,黄风译,北京大学出版社2010年版,第24—26页。

说　　明

贝卡里亚的《论犯罪与刑罚》问世于1764年7月。原著分为47章和一个"引言";随后,作者针对来自宗教人士的攻击,又增加了一篇辩白性的文字——"致读者"(这个原著版本以下称为"47章版")。1765年,法国"百科全书派"学者莫雷莱(Morellet)将此书翻译成法文,并且重新编排了章节,将正文划分为42章;这个版本(以下称为"42章版")曾经得到贝卡里亚本人的认可和称赞。

"47章版"与"42章版"内容基本上是一致的。最大的差别在于体系编排和论述次序的不同,"42章版"把原来分散在不同章节中的、关于相同议题的论述加以相对集中,对某些章的论述顺序作了调整,并且把关于某些重要议题的论述(如刑讯和死刑)予以前移。根据译者的比较,"42章版"比"47章版"多1句起承上启下作用的话;而"47章版"则比"42章版"多7句话,并且存在个别用词上的差异。

本书系根据贝卡里亚的原著"47章版"翻译而成。关于上述版本间的不同之处,译者均已在现在这个"47章版"的中译文里加以注明。

译　者

目录

致读者	003
引言	008
第 1 章 ｜ 刑罚的起源	011
第 2 章 ｜ 惩罚权	012
第 3 章 ｜ 结论	014
第 4 章 ｜ 对法律的解释	016
第 5 章 ｜ 法律的含混性	019
第 6 章 ｜ 刑罚与犯罪相对称	021
第 7 章 ｜ 在犯罪标尺问题上的错误	024
第 8 章 ｜ 犯罪的分类	026
第 9 章 ｜ 关于名誉	029
第 10 章 ｜ 决斗	032
第 11 章 ｜ 关于公共秩序	034
第 12 章 ｜ 刑罚的目的	036
第 13 章 ｜ 证人	037
第 14 章 ｜ 犯罪嫌疑和审判形式	040
第 15 章 ｜ 秘密控告	043
第 16 章 ｜ 刑讯	046
第 17 章 ｜ 关于国库	053
第 18 章 ｜ 宣誓	055
第 19 章 ｜ 刑罚的及时性	057
第 20 章 ｜ 暴侵	059

第21章	对贵族的刑罚	060
第22章	盗窃	062
第23章	耻辱	064
第24章	懒惰者	066
第25章	驱逐和没收财产	068
第26章	关于家庭精神	070
第27章	刑罚的宽和	073
第28章	关于死刑	076
第29章	关于逮捕	085
第30章	程序和时效	088
第31章	难以证明的犯罪	091
第32章	自杀	095
第33章	走私	099
第34章	关于债务人	101
第35章	庇护	104
第36章	悬赏	105
第37章	犯意，共犯，不予处罚	107
第38章	提示性讯问，口供	109
第39章	一类特殊的犯罪	111
第40章	虚伪的功利观念	113
第41章	如何预防犯罪	115
第42章	科学	117
第43章	司法官员	120
第44章	奖励	121
第45章	教育	122
第46章	恩赦	123

| 第47章 | 总结 | 125 |

附录一　关于死刑的意见　126

附录二　关于政治犯罪问题的简略思考　134

导读：贝卡里亚及其刑法思想　149

1	刑法改革前的欧陆刑法	151
2	启蒙运动、韦里兄弟和贝卡里亚	161
3	犯罪——特定环境下趋利避害的选择	172
4	法律责任与道德责任的分离	178
5	刑罚——社会防卫的必要手段	188
6	刑罚的必要限度	196
7	运用刑罚的基本策略	206
8	成名后的贝卡里亚	221

对于一切事物,尤其是艰难的事物,人们不应期望播种与收获同时进行,为了使它们逐渐成熟,必须有一个培育的过程。*

培根

---

* 贝卡里亚将此格言作为卷首引语。

致 读 者

一位在1200年前曾统治君士坦丁堡的君主,授命编纂了古代一个征服者民族的法律❶,而后,这些法律同伦巴第人❷的习俗混杂在一起,并包容在充满私人所作的含混解释的典籍之中。这些法律残余形成了至今仍被欧洲大部分地区称为法律的传统见解。卡尔布索沃❸的见解、克拉洛❹所提到的古代习惯以及法里纳奇❺抱着狂暴的得意建议实行的折磨,成为那些本来应当诚惶诚恐地主宰人们生活和命运的人所深信不疑的法律,这在今天同样是一种不幸。

---

❶ 罗马皇帝优士丁尼(Justinianus,482—565)曾授命编纂《民法大全》,它由四部分组成:汇集了罗马法学家论断的《学说汇纂》,用做教科书的《法学阶梯》《优士丁尼法典》和《新律》。——译者注
❷ 伦巴第人是日耳曼人的一支。568年,伦巴第人入侵意大利北部,建立了伦巴第王国。——译者注
❸ 卡尔布索沃(Benedikt Carpzov,1595—1666),17世纪德国有影响的法学家之一。他在莱比锡担任过助理地方长官(scabino),曾炫耀自己在任职期间判处过大量的死刑。——译者注
❹ 克拉洛(Giulio Claro,1525—1575),意大利犯罪学家,其代表作为《判决汇编》。在这部五卷本的著作(最后一卷涉及刑法和刑事诉讼法)中,介绍了许多意大利当时盛行的习惯。——译者注
❺ 法里纳奇(Prospero Farinacci,1544—1618),意大利刑法学家和律师,其代表作《刑事理论与实践》,为当时的刑法学教学提供了框架。——译者注

本书将从刑事制度方面，研究这些保留着最野蛮世纪痕迹的法律，并以那些愚昧而鲁莽的俗人所不具有的风度，向公共幸福的领导者勇敢地揭露这些法律的弊端。本书作者在写作中能如此坦率地探索真理，并如此独立于世俗之见，完全因为他所处国家的政府温和而开明。伟大的君主——统治人类的恩人喜爱无名的哲学家根据理性冷静地揭示的真理，只有醉心于强力或冒险的人才煽动与理性格格不入的狂热。在那些透彻地研究了整个情形的人看来，目前的弊端只不过是对旧时代的讽刺和谴责，而不是对本世纪及其立法者的嘲讽。

如果说舆论比强力更能深入人心的话，如果说温和与人道能使一切人接受正当权威的话，那么，本书的宗旨正是为了提高这一权威，而不是要削弱它。因而，只有首先很好地理解这一点的人，他的批评才能使我感到荣幸。对本书所发表的恶意批评产生于概念上的混乱，这迫使我暂时停止同开明读者的论理，而去一劳永逸地杜绝一切漏洞，以免引来一些神经过敏的误解或恶意嫉妒的诽谤。

神明启迪、自然法则和社会的人拟协约，这三者是产生调整人类行为的道德原则和政治原则的源泉。就其目标的主导地位来说，前者与后二者之间是不可比拟的。然而，这三者同样都在开创世俗生活的幸福。研究后者的关系并不等于把前二者置之度外。相反，在堕落的人脑中，神明启迪和自然法则——尽管这二者是神圣的和不可改变的——早已被虚伪的宗教和无数随意的善恶概念所亵渎了，因此，看来需要单独研究根据共同需要及功利加以表述或设想的纯人类协约的产物。这种观点是每个教派和每个道德体系都必定会同意的；迫使最固执己见、最不信教的人也遵守促使人类过社会生活的那些原则，这是值得赞赏的。

善与恶区分为三大不同的类别，即宗教的、自然的和政治的。这三者绝不应相互对立。然而，并不是由一者所得出的所有结论和义务，也同样由其他两者那里得出。并非启迪所要求的一切，自然法同样要求；也并非自然法所要求的一切，纯社会法也同样要求。不过，把产生于人类契约即人们确认或默许的公约的东西分离出来，倒是极为重要的，因为，它的力量足以在不肩负上天特别使命的情况下，正当地调整人与人之间的关系。

总之，关于政治美德的观念，可以名正言顺地说是千变万化的；关于自然美德的观念则总是清澈明了的，如果人的呆痴和欲望还没有使她黯然失色的话；而关于宗教美德的观念却是单一和永恒的，因为它直接由上帝启迪和保存。

指责探讨社会契约及其结果的人是在谈论违背自然法和神明启迪，看来这是错误的，因为这种讨论并没有涉及后两者。指责人们在谈论社会状态前的战争状态时，坚持霍布斯❶的观点，即认为这是没有任何义务和不受任何先存约束的结果，而不认为它是人类本性败坏和没有明示制裁所造成

---

❶ 霍布斯（Thomas Hobbes 1588—1679），英国唯物主义哲学家、政治思想家、古典自然法学派代表之一。他认为人的本性是利己主义的，当人类生活在自然状态时，处于"一切人反对一切人的战争状态"中，为了和平和秩序，人们必须将所有的权力和力量都交给国家，即统治者（君主）。——译者注

的事实,也是错误的。怪罪考察社会契约内容的人不承认在这种契约颁布前就存在这些内容,同样是错误的。

从本质上讲,神明公正和自然公正是永恒不变的,因为,两个同样对象之间的关系总是相同的。但是,人类公正,或曰政治公正,却只是行为与千变万化的社会状态间的关系,它可以根据行为对社会变得必要或有利的程度而变化。如果人们不去分析错综复杂和极易变化的社会关系组合,就会对此辨认不清。一旦这些本质上相互区别的原则被混淆,便无望就公共议题作出正确解释了。神学家的任务是根据行为内在的善或恶来确定正义与非正义的界限。公法学家的任务是确定政治上的正义与非正义的关系,即行为对社会的利弊关系。既然每个人都看到纯粹的政治美德会屈从于上帝颁布的永恒的宗教美德,上述对象就绝不可能相互妨害。

我再重复一遍:任何想以他的批评为我增添荣耀的人,起码不应该把我的原则看成是对道德或宗教的危害,我已经讲过,我的原则并不是那样的。请您竭力去寻找我在逻辑上的错误或政治上的短见,而不要把我当做不信教者或作乱者吧。请您不要惧怕任何维护人类利益的建议吧。请您用我的原则可能造成的政治危害或不利来说服我,并向我展示现行成规的优点吧,我已经在对《注评》的回答[1]中,公开表明

---

[1] 贝卡里亚的《论犯罪与刑罚》出版后,多明我教会的教士法基内(Facchinei)写了《对题为〈论犯罪与刑罚〉一书的注评》,对贝卡里亚进行攻击。《对一篇题为〈对《论犯罪与刑罚》的注评〉的文章的回答》是为反击法基内而写的。该文虽以贝卡里亚的名义发表,实际上却是由韦里兄弟执笔撰写的。——译者注

了我的宗教信仰及我对君主的驯服;再去作类似的答复,大概就多余了。然而,如果有人怀着诚实者所特有的庄重,并聪明地使我免于去证实那些首要原则(无论它们具有怎样的特点),来向我提问的话,那么他将发现,我不但是一个努力的解答者,同时还是一个和蔼的热爱真理者。

引　言

　　人们往往把最重要的调整工作委弃给平庸的谨慎和个别人的裁量，而这些裁量者所关心的是反对实质上是利益均沾的高明法律，这种法律遏制他们结成寡头，拒绝把一部分人捧上强盛和幸福的顶峰，把另一部分人推向软弱和苦难的深渊。所以，人们只有在亲身体验到关系着生活和自由的最重要事物中已充满谬误之后，并在极度的灾难把他们折磨得筋疲力尽之后，才会下决心去纠正压迫他们的混乱状况，并承认最显而易见的真理，即那些由于简单而被他们平庸的头脑所忽略的真理。平庸的头脑不习惯于分析事物，而习惯于根据传统而不是根据考察来接受强烈的印象。

　　我们翻开历史就会发现，作为或者本应作为自由人之间公约的法律，往往只是少数人欲望的工具，或者成了某种偶然或临时需要的产物。这种法律已不是由冷静地考察人类本质的人所制定的了，这种考察者把人的繁多行为加以综合，并仅仅根据这个观点进行研究：最大多数人分享最大幸福。

　　只有极少数的民族不是等待缓慢的人类组合更迭运动在坏的极点上开创好的起端，而是利用优秀的法律促进其中间的过渡。幸福属于这样的民族！值得人们感谢的是那些勇敢的哲学家，他们从被人轻视的陋室向群众播撒有益真理的种子，尽管这些种子很久没有得到收获。

人们已经认识到君主与臣民之间、国家与国家之间的真正关系。随着印刷业的发展，哲学真理成了共同的财富，这方面的交往振兴起来。国家之间悄悄地展开了一场产业战争，这是最符合人道的战争，是对于理智的人们可谓最值当的战争。这些成果都应归功于本世纪的光明。然而，只有极少数人考察了残酷的刑罚和不规范的刑事诉讼程序并向其开战，几乎整个欧洲都忽略了这一重要的立法问题。只有极少数人根据普遍原则去纠正几百年来所沿袭的谬误，至少是用已被认识的真理所具有的力量制止住了偏向势力过于放任的发展。这股偏向势力至今已把冷酷变成了长期合法的惯例。

受到残酷的愚昧和富奢的怠惰宰割的软弱者在吞声饮泣；对于未经证实的或臆想中的罪犯所徒劳滥施的野蛮折磨正在变本加厉；对不幸者最凶狠的刽子手是法律的捉摸不定，以及监狱的日益阴森恐怖。这一切应该惊动那些引导人类见解的司法官员。

不朽的孟德斯鸠院长❶曾迅速地论及过这一问题，那不可分割的真理促使我循着这位伟人的光辉足迹前进，然而，

---

❶ 孟德斯鸠（Montesquieu，1689—1755），法国启蒙思想家、法学家、古典自然法学派代表人物之一。1716 年承袭其伯父，任波尔多（Bordeaux）议院院长。——译者注

聪明的读者都会把我同他的步伐加以区别。如果我也能像他那样赢得暗中平静地追随理性的善良者的秘密感谢,如果我能唤起那些善感者的心灵向人类利益的维护者发出热情共鸣,那么我真感到幸运!

第 1 章

刑罚的起源

离群索居的人们被连续的战争状态弄得筋疲力尽,也无力享受那种由于朝不保夕而变得空有其名的自由,法律就是把这些人联合成社会的条件。人们牺牲一部分自由是为了平安无扰地享受剩下的那份自由。为了切身利益而牺牲的这一份份自由总合起来,就形成了一个国家的君权。君主就是这一份份自由的合法保存者和管理者。

但是,实行这种保管还不够,还必须保卫它不受每个私人的侵犯,这些个人不但试图从中夺回自己的那份自由,还极力想霸占别人的那份自由。需要有些易感触的力量(motivi sensibili)来阻止个人专横的心灵把社会的法律重新沦入古时的混乱之中。这种易感触的力量就是对触犯法律者所规定的刑罚。我之所以称它为易感触的力量,是因为经验表明:如果所采用的力量并不直接触及感官,又不经常映现于头脑之中以抗衡违反普遍利益的强烈私欲,那么,群众就接受不了稳定的品行准则,也背弃不了物质和精神世界所共有的涣散原则。任何雄辩,任何说教,任何不那么卓越的真理,都不足以长久地约束活生生的物质刺激所诱发的欲望。

第 2 章

惩 罚 权

伟大的孟德斯鸠说:任何超越绝对必要性的刑罚都是暴虐的。人们可以把上述意思表述得更为普遍,即:人对人行使权力的任何行为,如果超越了绝对必要性,就是暴虐的。君主惩罚犯罪的权力就恰恰是建立在这样的基础之上的,即以维护对公共利益的集存、防范个人的践踏为必要限度。❶刑罚越公正,君主为臣民所保留的安全就越神圣不可侵犯,留给臣民的自由就越多。

我们对人的心灵作了调查,在那里,发现了君主惩罚犯罪的真正权力的基本原则。道德的政治如果不以不可磨灭的人类感情为基础的话,就别想建立起任何持久的优势。任何背离这种感情的法律,总要遇到一股阻力,并最终被其战胜。正如一种虽然极小的力量,如果不断地起着作用,就能战胜任何传入肌体的强烈冲力一样。

没有一个人会为了公共利益而将自己的那份自由毫无代价地捐赠出来,这只是浪漫的空想。只要可能,我们当中的每一个人都希望约束别人的公约不要约束我们自己,都希

---

❶ 前面这段话在"42 章版"中不存在。——译者注

望成为世界上一切组合的中心。

人类的繁衍尽管本身规模不大,却远远超过了贫瘠荒凉的自然界为满足人们日益错综复杂的需要而提供的手段,这就使一部分野蛮人联合起来。为了抵抗这最初的联盟,必然又形成了新的联盟。就这样,战争状态从个人之间转移到国家之间。

由此可见,正是这种需要,迫使人们割让自己的一部分自由,而且,无疑每个人都希望交给公共保存的那份自由尽量少些,只要足以让别人保护自己就行了。这一份份最少量自由的结晶就形成了惩罚权。一切额外的东西都是擅权,而不是公正,是杜撰而不是权利。请注意:"权利"一词与"力量"一词并不矛盾。但是,最好说前者是对后者的修正,即对大多数人有利的修正。至于"公正",我指的只是把单个利益联系在一起的必要纽带,否则,单个利益就会涣散在古时的非社会状态之中。如果刑罚超过了维系上述纽带的需要,它本质上就是不公正的。

还必须注意:别把某种实物的概念,例如一种物理力和一种实在体的概念,与"公正"一词联系在一起。"公正"是人们的一种简单的思维方法,它对每个人的幸福产生着无限的影响。我这里讲的绝不是上帝所宣布的并与未来生活的赏罚有着直接联系的另一种公正。❶

---

❶ "42章版"中的"贝卡里亚注",在这里表述在正文当中。——译者注

第2章
惩罚权

第 3 章

结　　论

由上述原则得出的第一个结论是：只有法律才能为犯罪规定刑罚。只有代表根据社会契约而联合起来的整个社会的立法者才拥有这一权威。任何司法官员（他是社会的一部分）都不能自命公正地对该社会的另一成员科处刑罚。超越法律限度的刑罚就不再是一种正义的刑罚。因此，任何一个司法官员都不得以热忱或公共福利为借口，增加对犯罪公民的既定刑罚。

第二个结论是：如果说社会的各个成员都受到社会约束的话，同样，该社会通过一项实质上是互尽义务的契约也同各个成员联系在一起。君主和臣民都承受着这种义务，它平等地约束着最伟大的人和最渺小的人。这种义务仅仅意味着大家共同关心的是：有利于大多数人的公约应得到遵守。即使仅有一方违约，也将构成对无政府状态的准可。❶

代表社会的君主只能制定约束一切成员的普遍性法律，

---

❶ 这里与"42章版"有很大不同，该版本第4章"对法律的解释"中，"贝卡里亚注"的前一段在这里表述在正文中，并且多了"即使仅有一方违约，也将构成对无政府状态的准可"一语；后一段则在本章中作"注"。——译者注

但不能判定某个人是否触犯了社会契约。由于国家可能分成为两方:君主所代表的一方断定出现了对契约的侵犯,而被指控的另一方则予以否认。所以,需要一个判定事实真相的第三者。这就是说,需要一个作出终极判决的司法官员,他的判决是对具体事实作出单纯的肯定或否定。

第三个结论是:即使严酷的刑罚的确不是在直接与公共福利及预防犯罪的宗旨相对抗,而只是徒劳无功而已,在这种情况下,它也不但违背了开明理性所萌发的善良美德——这种理性往往支配着幸福的人们,而不是一群陷于怯懦的残忍循环之中的奴隶——同时,严酷的刑罚也违背了公正和社会契约的本质。

[注]"义务"是最常在道德学中听到的一种说法。它是一种推理的缩写符号,而不是一个观念。您在"义务"一词中找不到任何观念。如您进行一下推理,您就会理解了,并且您也将被理解。——贝卡里亚

第4章

对法律的解释

第四个结论是:刑事法官根本没有解释刑事法律的权力,因为他们不是立法者。

法官们并不是从我们祖先那里接受法律,就像接受一些只要求后代恪守的家庭传统和遗嘱那样。他们是从现实社会,或者从它的代表者君主,即一切人意志的现存成果的合法受寄存人那里接受法律。他们不是把法律作为古代宣誓所承担的义务来接受,那是一种无效的宣誓,因为它所约束的意志是不存在的;同时也是一种不公平的宣誓,因为它使人类从社会状态沦入动物的群居状态。法律源自于活着的臣民根据其共同意志向君主公开的或默示的宣誓,是作为约束和控制个人利益内在躁动的必要手段。法律真正的和实际的威力正在于此。

那么,谁是法律合法的解释者呢?是所有人现时意志的受寄托人——君主呢,还是其职责只在考查一个人是否有违法行为的法官呢?

法官对每个刑事案件都应进行一种完整的三段论式逻辑推理。大前提是一般法律,小前提是行为是否符合法律,结论是自由或者刑罚。一旦法官被迫或自愿作哪怕只是两种三段论推理的话,就会出现捉摸不定的前景。

"法律的精神需要探询",再没有比这更危险的公理了。采纳这一公理,等于放弃了堤坝,让位给汹涌的歧见。在我看来,这个道理已被证实。而在凡人看来,却似乎是奇谈怪论,他们往往只能感触到眼前的一些小麻烦,却察觉不出在一个国家已根深蒂固的荒谬原则所产生的致命而深远的结果。

我们的知识和我们的观念是相互联系的,知识和观念愈是复杂,人们获得它们的途径以及考虑问题的出发点就愈多。每个人都有自己的观点,在不同的时间里,会从不同的角度看待事物。因而,法律的精神可能会取决于一个法官的逻辑推理是否良好,对法律的领会如何;取决于他感情的冲动;取决于被告人的软弱程度;取决于法官与被侵害者间的关系;取决于一切足以使事物的面目在人们波动的心中改变的、细微的因素。所以,我们可以看到,公民的命运经常因法庭的更换而变化。不幸者的生活和自由成了荒谬推理的牺牲品,或者成了某个法官情绪一时冲动的牺牲品,这样的法官把从自己头脑中一系列混杂概念中得出的谬误结论奉为合法的解释。我们还可以看到,相同的罪行在同一法庭上,由于时间不同而受到不同的惩罚,原因是人们得到的不是持久稳定的而是飘忽不定的法律解释。

严格遵守刑法文字所遇到的麻烦,不能与解释法律所造成的混乱相提并论。这种暂时的麻烦促使立法者对引起疑惑的词句作必要的修改,力求准确,并且阻止人们进行致命的自由解释,而这正是擅断和徇私的源泉。当一部法典业已

第 4 章
对法律的解释

厘定，就应逐字遵守，法官唯一的使命就是判定公民的行为是否符合成文法律。当既应指导明智公民又应指导无知公民的权利规范不再是争议的对象，而成为一种既定事物的时候，臣民们就不再受那种小型的多数人专制的摆布，受难者与压迫者间的距离越小，这种多数人专制就越残忍；多数人专制比一人专制更有害，因为，前者只能由后者来纠正，并且一人专制的残暴程度并非与它的实力成正比，而是同它遇到的阻力成正比。

公民们通过这种方式获得自己人身与财产的安全。这种方式是正当的，因为它是人们结成社会的目的；这种方式是有用的，因为它能使人们准确地衡量每一罪行所带来的不便。通过这种方式，人们也将获得一种独立的精神，然而，它已不表现为摆脱法律和无视最高司法官员。不过，如果有人胆敢把屈服于他的专断强横的软弱称为美德的话，那么，这种独立精神对他倒是桀骜不驯的。

有些人把他们遭受的来自上级的横暴转嫁给下级，并把这种手段变成了一种权利，上述原则将使他们感到扫兴。如果说暴政的精神与读书的精神能够结合在一起的话，那我真会不寒而栗！❶

---

❶ 根据一些学者的分析，贝卡里亚在这里使用隐晦的词句表述这样一层意思：专制者一般很难看懂他书中的批判。——译者注

第 5 章

法律的含混性

如果说对法律进行解释是一个弊端的话,显然,使人不得不进行解释的法律含混性本身是另一个弊端。尤其糟糕的是:法律是用一种人民所不了解的语言写成的,这就使人民处于对少数法律解释者的依赖地位,而无从掌握自己的自由,或处置自己的命运。这种语言把一部庄重的公共典籍简直变成了一本家用私书。

了解和掌握神圣法典的人越多,犯罪就越少。因为,对刑罚的无知和刑罚的捉摸不定,无疑会帮助欲望强词夺理。考虑到这在大部分文明开化的欧洲地区已成了根深蒂固的习惯,我们应当由此联想到什么呢?

联想到的一点是:一个社会如果没有成文的东西,就绝不会具有稳定的管理形式。在稳定的管理形式中,力量来自于整体,而不是局部的社会;法律只依据普遍意志才能修改,也不会蜕变成私人利益的杂烩。经验和理性告诉我们:人类传统的可靠性和确定性随着逐渐远离其起源而削弱。如果不建立一座社会契约的坚固石碑,法律怎么能抵抗得住时间和欲望的必然侵袭呢?

我们由此看到,印刷术是何等地重要,它使公众而不是少数人成为神圣法律的保管者;它驱散了阴谋和欺骗的阴魂,这种阴魂的追随者表面上鄙视文明和科学,但实际上却为之胆战心惊。因此,我们发现:在欧洲,犯罪的残忍程度已经降低,我们那些时而成为暴君、时而又变成奴隶的祖先,曾被这种残忍性折磨得凄苦不堪。

了解二三百年前历史和现代历史的人都能看到:奢侈和柔弱如何哺育了最温和的美德:人道、慈善以及对人类错误的容忍心。他还会看到:那些被曲解为"古朴"和"信义"的东西造成了怎样的结局:难以容忍的迷信压迫着人道;少数人的吝啬和野心用人类的鲜血涂饰着王位和宫殿;隐蔽的背叛和公开的残杀;每一个贵族都成了平民的暴君;布道福音真理的牧师每天都用沾满鲜血的双手抚摸慈善的上帝。而这一切却并不是目前文明世纪的产物,尽管有人称它为堕落的世纪。

第 6 章

刑罚与犯罪相对称

公众所关心的不仅是不要发生犯罪,而且还关心犯罪对社会造成的危害尽量少些。因而,犯罪对公共利益的危害越大,促使人们犯罪的力量越强,制止人们犯罪的手段就应该越强有力。这就需要刑罚与犯罪相对称。

在同人类欲望的普遍斗争中,防止一切越轨行为的产生是不可能的。随着人口的增长,随着个人利益日益交织在一起,很难按照几何公式将不断增加的越轨行为引向公共利益。在政治算术中,需要以可能性的计算代替数学中计算的精确性。浏览一下历史将会发现:越轨行为是随着帝国疆土的扩大而增长的。由于民族感情被随之削弱,个人能从自己的越轨行为中捞到好处,增强了犯罪的推动力;因此,加重刑罚也就变得越来越必需了。

促使我们追求安乐的力量类似重心力,它仅仅受限于所遇到的阻力。这种力量的结果就是各种各样的人类行为的混合;如果它们互相冲突、互相侵犯,那么我称之为"政治约束"的刑罚就出来阻止恶果的产生,但它并不消灭冲突的原因,因为这种原因是人的不可分割的感觉。立法者像一位灵巧的建筑师,他的责任就在于纠正有害的偏重方向,使形成建筑物强度的那些方向完全协调一致。

既然存在着人们联合起来的必要性,既然存在着作为私人利益相互斗争的必然产物的契约,人们就能找到一个由一系列越轨行为构成的阶梯,它的最高一级就是那些直接毁灭社会的行为,最低一级就是对作为社会成员的个人所可能犯下的、最轻微的非正义行为。在这两极之间,包括所有侵害公共利益的、我们称之为犯罪的行为,这些行为都沿着这无形的阶梯,按从高到低顺序排列。

如果说,对于无穷无尽、暗淡模糊的人类行为组合可以应用几何学的话,那么也很需要有一个相应的、由最强到最弱的刑罚阶梯。然而,对于明智的立法者来说,只要标出这一尺度的基本点,不打乱其次序,不使最高一级的犯罪受到最低一级的刑罚,就足够了。有了这种精确的、普遍的犯罪与刑罚的阶梯,我们就有了一把衡量自由和暴政程度的潜在的共同标尺,它显示着各个国家的人道程度和败坏程度。

任何不包含在上述限度之内的行为,都不能被称为是犯罪,或者以犯罪论处,只有那些能由此得到好处的人才会这样做。犯罪界限的含混不清,在一些国家造成了一种与法制相矛盾的道德,造成了一些只顾现时而相互排斥的立法,大量的法律使最明智的人面临遭受最严厉处罚的危险,恶和善变成了两个虚无缥缈的名词,连生存本身都捉摸不定,政治肌体因此而陷入危难的沉沉昏睡。

谁要是用哲学家的眼光来读一读各国的法典及其编年史,他就会发现:善良、罪恶、良民、罪犯这些名词随着历史的沿革所发生的演变,不是以在各国环境中发生的因而总是符合共同利益的变化为依据,而是以迷惑着不同立法者的欲望和谬误为依据。他往往还会发现:某一世纪的欲望就是后来世纪的道德基础。强烈的欲望作为狂热和激情的产物,当它被使一切物质和精神现象归于平衡的时间冷却和消蚀后,逐渐变成了后来的保守,变成了当权者和投机者手中的工具。

极其含混的名誉和道德概念就是这样形成的。它们之所以成为这样,是因为:随着时间变化,概念本身发生了变化,事物的名称却保留下来;是因为:河流和山脉不但是某种实体的界线,而且也常常成为道德地理的界线,因而,这些概念也根据地理条件而发生变化。

如果说欢乐和痛苦是支配感知物的两种动机,如果说无形的立法者在推动人们从事最卓越事业的动力中安排了奖赏和刑罚,那么,赏罚上的分配不当就会引起一种越普遍反而越被人忽略的矛盾,即:刑罚的对象正是它自己造成的犯罪。如果对两种不同程度地侵犯社会的犯罪处以同等的刑罚,那么人们就找不到更有力的手段去制止实施能带来较大好处的较大犯罪了。

第 6 章
刑罚与犯罪相对称

第 7 章

在犯罪标尺问题上的错误❶

　　以上思考使我有权利提出这样的主张:衡量犯罪的唯一和真正的标尺,是对国家造成的损害。❷ 有人认为:犯罪时所怀有的意图是衡量犯罪的真正标尺,看来他们错了。因为,这种标尺所依据的只是对客观对象的一时印象和头脑中的事先意念,而这些东西随着思想、欲望和环境的迅速发展,在大家和每个人身上都各不相同。如果那样的话,就不仅需要为每个公民制定一部特殊的法典,而且需要为每次犯罪制定一条新的法律。有时候会出现这样的情况,最好的意图却对社会造成了最坏的恶果,或者,最坏的意图却给社会带来了最大的好处。

　　有些人在衡量犯罪时,考虑更多的是被害者的地位,而不是犯罪对公共利益的影响。如果说这是衡量犯罪的真正标尺,那么,同谋杀帝王的行为相比,对大自然的失敬行为就应该受到更为严厉的惩罚,因为自然的至高无上性完全足以弥补被害人的身份差别。

---

❶ 在"42 章版"第 24 章中,本章的标题被改为"衡量犯罪的标尺"。——译者注
❷ 这句话在"42 章版"中没有。——译者注

最后,还有些人认为:罪孽❶的轻重程度是衡量犯罪的标尺。冷静地研究一下人与人之间以及人与上帝之间的关系,就将清楚地发现这种看法的荒谬。人与人之间的关系是平等的,只是为了解决欲望的冲突和私利的对立,才产生了共同利益的观念,以作为人类正义的基础。人与上帝之间的关系是依赖于上天和造物主的,只有造物主才同时拥有立法者和审判者的权力,因为唯独它这样做不会造成任何麻烦。如果说上帝已经为违抗它那无上权威的人规定了永恒的刑罚,那么,谁胆敢去充当一个取代神明正义的爬虫呢?谁想去为这位不能从周围接受任何欢乐和痛苦、自我作古、独往独来的存在物复仇呢?

罪孽的轻重取决于叵测的内心堕落的程度,除了借助启迪之外,凡胎俗人是不可能了解它的,因而,怎么能以此作为惩罚犯罪的依据呢?如若这样做,就可能出现这种情况:当上帝宽恕的时候,人却予以惩罚;当上帝惩罚的时候,人却宽恕。如果说人们的侵害行为可能触犯上帝的无上权威的话,那么,人们的惩罚活动同样可能触犯这一权威。

---

❶ 罪孽(peccato)是指一种宗教罪恶,它被认为是对上帝旨意的违反。在中世纪,对犯有严重罪孽的人也按犯罪论处。——译者注

第 7 章
在犯罪标尺问题上的错误

第 8 章

犯罪的分类

我们已经看到,什么是衡量犯罪的真正标尺,即犯罪对社会的危害。这是一条显而易见的真理,尽管认识这类明了的真理并不需要借助象限仪和放大镜,而且它们的深浅程度都不超出任何中等智力水平的认识范围,但是,由于环境惊人的复杂,能够有把握认识这些真理的人,仅仅是各国和各世纪的少数思想家。

亚洲式的见解和披着权势外衣的欲望,往往采取无形的冲击,或者在个别时候通过对人们懦弱的轻信心来施加强暴的影响,抹杀一些通俗的概念。也许正是这些概念,构成了初生社会的哲学,本世纪的光明似乎就是这些哲学思想的再现,然而在接受了严格的检验、痛苦的经历和磨难之后,它们被进一步发扬光大了。

如果说犯罪的本质随着年代和地点的不同而变化,用不着我们去一一赘述的话,现在我们将按次序研究并区分所有不同种类的犯罪以及惩罚他们的方式。至于唤醒那些曲解了自由而企图实现无政府状态的人们和那些喜欢驱使他人服从修道院禁律的人们,我只想在示以最一般原则的同时,指出他们最要害的共同错误。

有些犯罪直接地毁伤社会或社会的代表;有些犯罪从生命、财产或名誉上侵犯公民的个人安全;还有一些犯罪则属于同公共利益要求每个公民应做和不应做的事情相违背的行为。

首先,前面提到的第一类犯罪,由于其危害性较大,因而是最严重的犯罪,这就是所谓的叛逆罪。残暴和愚昧把这些字眼和一些最明确的观念搞得混乱,只有它们才可能把叛逆的罪名及其随之而来的最重刑罚强加于那些本质不同的犯罪,以致使人们像在无数其他情况下一样,成为某个词的牺牲品。

一切犯罪,包括对私人的犯罪都是在侵犯社会,然而它们都并非试图直接毁灭社会。道德行为同物理运动一样,也有它有限的活动范围。它也同一切自然运动一样,分别受着时间和空间的限制。强词夺理的解释往往是一种奴役哲学的体现,只有它才会把早已为永恒真理采用不可改变的关系加以区分的对象混为一谈。

其次,就是侵犯私人安全的犯罪。一切合理的社会都把保卫私人安全作为首要的宗旨,所以,对于侵犯每个公民所获得的安全权利的行为,不能不根据法律处以某种最引人注目的刑罚。

每个公民都应当有权做一切不违背法律的事情,除了其行为本身可能造成的后果外,不用担心会遇到其他麻烦。这是一条政治信条,它本应得到人民的信任,本应得到廉正守护法律的、高尚的司法官员们的宣扬;这是一项神圣的信条,舍此就不会有一个正当的社会;这是对人的一种正确的补偿,因为他已经牺牲了每个感知物所共有的、在自己力量范围内做一切事情的普遍自由。这一信条培养着生机勃勃的自由心灵和开明头脑;它为了使人们变得善良,赋予他们一种无所畏惧的美德,而不是逆来顺受者所特有的委曲求全的美德。

侵犯公民安全和自由的行为是最严重的犯罪之一。在这一等级中,不但包括平民犯下的谋杀和盗窃罪行,也包括某些伟人和官员所犯下的类似罪行。这些上等人的犯罪在臣民中破坏了公正和义务的观念,而代之以强权观念,这种观念对实施强权的人和忍受强权的人都是同样危险的,因此,这类犯罪的影响更加广泛和严重。

第 9 章

关于名誉

一部分民事法律最注意保护的是每个公民的身体和财产,而关于所谓名誉的法律则是把舆论置于首位,它们之间存在着一个深刻的矛盾。名誉这个词是一个被用做高谈阔论的基础,却不带有任何稳定确切含义的辞藻。人的头脑是多么可悲呀!最遥远而无关紧要的天体旋转的思想,在它们那里成了比较明确的知识;而眼前至关重要的道德观念,在欲望之风的吹动下,却总是缥缈和混乱的,并由受人支配的愚昧所接受和传播!近在咫尺的客体常常令人眼花缭乱,同样,道德观念要是太近了,也很容易使组成这种观念的无数简单观念混淆,并使人看不清那种想衡量人类感觉现象的几何精神所需要的分界线。如果注意到这一事实,上述情形的表面荒谬性将消失。冷静地调查人类事务的人将完全消除惊奇感,他将怀疑,为了使人们得到幸福和安全,也许没有必要设立那么多的道德仪式和条条框框。

名誉是一种复合观念,它不仅包含着一些简单的观念,也同样包含着一些复杂的观念。这些复合观念变幻无常地浮现于人的脑海之中,时而接受各种构成成分,时而又加以排斥,它们只保留少数的共同观念,如同许多代数中的复合量接受一个公约数那样。为了从构成名誉的各种观念中找出这个公约数,需要大致地回顾一下社会是怎样形成的。

最初的法律和司法官员,是为了防止每个人体力上的强横导致越轨行为而产生的,这是建立社会的宗旨。所有的法典,包括某些破坏性的法典,都实际地或形式地保留着这一最初的宗旨。随着人与人的接近和认识的进步,人们彼此间的交往和要求大大地增多了,这些交往和要求往往超越了法律的先见之明,同时又处于每个人的现实能力之下。从这时起,舆论的强横就成了从他人那里获取和躲避法律所管不着的利益和损害的唯一工具。舆论使俗人和智者都受到折磨,它推崇的是美德的外表,而不是美德本身;它为了自己的利益能够把罪犯变成布道者。因此,人们为了不降至共同水平以下,不但需要而且必须取得公众的敬重。野心勃勃的人获取它是为了加以利用;爱虚荣的人乞求它是为了证明自己的功绩;正人君子要求它则是因为这是他必不可少的东西。这种名誉已经成了很多人赖以生存的条件。然而,这一社会建立之后的产物,却未能置于公共的保护之下,维护名誉反倒成了向自然状态的回复,暂时使自己的人身脱离法律的保护,因为这样的法律尚不能充分保护一个公民的名誉。

在极端的政治自由和极端的政治依从中,名誉的观念都会消失,或者完全同其他观念相混淆。因为在前一种情况下,法律统治一切,没有必要寻求他人的敬重;在后一种情况下,人的专横破坏了人们的民事地位,他们被迫只具有一种朝不保夕的人格。因而,名誉是那些专制已被削弱的君主制的基本原则之一,在那里,同发生在专制主义国家中的那些革命一样,名誉是向自然状态的一时回复和对古老平等的掌管者的回忆。

第 9 章
关于名誉

第 10 章

决　　斗

由于他人的敬重成为必不可少的需要,因而出现了私人决斗,它恰恰根植于法律的无政府状态。人们认为古代不曾发生过决斗,或许因为古人在教堂和剧院中与朋友相聚时并不多疑地携带武器;或许因为决斗是那些下贱的奴隶剑客为人们表演的共同惯技,而自由人却很厌恶被人看成和叫做进行私人格斗的剑客。

那些对任何接受决斗的人处以死刑的法令,竭力想根除这一习俗,然而无济于事。这种习俗的基础在于某些人宁死不愿丧失的名誉。因为正人君子一旦失去了他人的敬重,就预示着将变成一个纯粹的孤立者。对于一个社会性的人来说,这是一种无法忍受的境遇,或者说意味着他将成为众人侮辱和羞耻的对象,由于反复的影响,这种考虑就足以压倒对死刑的恐惧。为什么弱小的人民不像大人物那样经常进行决斗呢?不仅由于他们被解除了武装,也因为平民并不像那些越高贵就越相互猜疑和嫉妒的大人物那样需要他人的敬重。

预防这种犯罪的最好办法就是惩罚侵犯者,即挑起决斗的人;同时宣布:毫无过错地被迫起来维护现时法律所不保障的东西即声誉的人是无罪的;此人不得不向自己的同胞证明:他畏惧的仅是法律,而不是那些侵犯者。❶ 把这些别人已作出的论述再重复一遍,大概不无益处。

---

❶ 分号后面的一句话在"42章版"中是没有的。——译者注

第10章
决斗

第 11 章

关于公共秩序

第三类犯罪,具体地说,就是那些扰乱公共秩序和公民安宁的犯罪行为。例如,在被指定进行贸易和公民来往的公共街道上喧闹和豪宴狂饮;向好奇的群众发表容易激起他们欲望的狂热说教,助长这种欲望的是听众的聚集和蒙昧怪僻的热情,而不是清醒、平静的理性,这种理性从不对一大群人起作用。

在夜间公费照明;在城市的各条街道派进卫队;进行通俗和道德的宗教讲演,维持受公共当局保护的教堂的安宁及其神圣秩序;在国家的集会上,在会议上,在那些体现着君权的地方,呼吁人们维护私人和公共的利益。上述措施都能有效地防止民众欲望的危险聚合。这些就是被法国人叫做police(警察)的官员应严守的主要职责。但是,这些官员如果不是根据公民手中法典所确定的条文进行工作,而是口含天宪的话,那么,他们就为伺机吞噬政治自由的暴政开放了门户。每个公民都应知道怎样做是犯罪,怎样做不是犯罪。我找不出对于这条普遍公理有什么例外的情况。如果说监察官以及那些拥有裁断权的官员在某些政府中是必需的,那是由于该国家法制的软弱,而组织优良的政府本质上是无此需要的。自己命运的捉摸不定常常使人成为黑暗暴政的牺牲品,而不是牺牲于公开的、庄重的严酷;它往往使人心思反,而不是使人顺从服帖。

真正暴君的出现,总是从控制舆论以支配勇敢开始的。勇敢这东西,要么闪烁在真理的光辉里,要么飞腾在欲望的火焰上,要么表现在危险的愚昧中。

但是,对这些犯罪应适用什么样的刑罚呢?死刑对维护社会的正常秩序和安全来说,真是有益和必要的刑罚吗?刑讯和折磨算是正义吗?它们能实现法律所提出的宗旨吗?什么是预防犯罪的最好方法呢?同样的刑罚在任何时候都是同样有利的吗?它们对习俗又会产生什么样的影响呢?

应当用几何学的精确度来解释这些问题,因为这种精确度足以制胜迷人的诡辩、诱人的雄辩和怯懦的怀疑。如果我的功劳只在于第一个在意大利比较明确地提出其他国家已大胆写下并开始实践的东西,那么我深感荣幸。然而,如果当我坚持人类的权利和神圣真理的权利时,恰恰是把某些暴政或愚昧(它同样是灾难)的不幸牺牲品从死前的痛苦和抽搐中拯救出来,一个无辜者在惊喜中流出的泪水和发出的颂扬,对于我是一种安慰,它使我忘却了别人对我的轻蔑。

第 11 章
关于公共秩序

第 12 章

刑罚的目的

经过对上述真理的简要探讨,我们看到:刑罚的目的既不是要摧残折磨一个感知者,也不是要消除业已犯下的罪行。

一个并不为所欲为的政治实体平衡地控制着私人欲望,难道它能够容忍无益的酷政为野蛮和狂热、为虚弱的暴君充当工具吗?难道一个不幸者的惨叫可以从不可逆转的时间中赎回已经完成的行为吗?刑罚的目的仅仅在于:阻止罪犯再重新侵害公民,并规诫其他人不要重蹈覆辙。因而,刑罚和实施刑罚的方式应该经过仔细推敲,一旦建立了对称关系,它会给人以一种更有效、更持久、更少摧残犯人躯体的印象。

第 13 章

证　　人

恰如其分地确定证人和犯罪证据的可信程度,这是一切优秀立法的显著特点。

一切有理智的人,也就是说,自己的思想具有一定的连贯性,其感觉同其他人相一致的人,都可以作为证人。衡量这种人可信程度的真正尺度,仅仅在于说真话或不说真话同他的利害关系;由此看来,妇女的软弱成了不足道的因素;在说谎不会给人带来任何利益的情况下,对已决犯适用具有实际死亡效果的民事死亡❶就显得幼稚,给失信者打上耻辱❷的印记,也不切合实际。

证人的可信程度应该随着他与罪犯间存在的仇恨、友谊和其他密切关系而降低。

一个以上的证人是必需的,因为,如果一个人肯定,另一个人否定,就什么也确定不了,在这种情况下,谁都有权被认

---

❶ "民事死亡"相当于剥夺一切权利,它使被判刑人丧失正常人的权利能力(包括在法庭上作证的权能)。——译者注

❷ 耻辱刑是罗马法中一种特有的刑罚,它意味着被判刑人丧失了名誉,并且无权担任公共职务。在国内一些罗马法论著中,它也被译为"丧廉耻"或"不名誉"。——译者注

为是无辜的。

犯罪越是残酷[注]，或者情节越是难以置信，证人的可信程度就越是明显降低。巫术和平白无故的暴行就属于此类。在对前一种行为的控告中，很可能有不少人说谎，因为魔术容易在他们当中造成无知的幻觉，或者引起对下述事实的仇恨：这个人所行使的竟是一种上帝并未赋予受造物，或者已从受造物手中剥夺了的威力。对后一种行为的证人，也同样应取慎重态度，因为一个人的残暴程度仅仅取决于他本身的利益、仇恨和恐惧。

人的感情总是同他的感官所接受的感受协调一致的，而恰恰不存在任何多余的感情。

同样，当证人是某一私人团体的成员，而这一团体的习惯和准则并不为公共社会所理解，或者与社会相忤逆时，这个证人的可信程度可能成倍降低。这种人不仅包含本人的欲望，也包含别人的欲望。

最后，当有些证人把别人讲的话指为犯罪时，证人的可信程度几乎等于零。因为人们用同样的话语可以表达不同的思想，而语调、动作和思想活动前后出现的一切，足以歪曲和改变一个人所讲的东西，以致使它几乎不可能再被确切复述。况且，暴力行为和超越常规的行为，如果属于真正的犯罪，往往在大量的情节和后果上留下自己的痕迹；但是，话语只能留在听者的记忆中，而这种记忆常常是靠不住的和受到迷惑的。因此，就一个人的言语进行诬陷，比就其行为进行诬陷要容易得多。引证的客观情节越多，犯人为自己辩护的途径也就越多。

[注] 在某些犯罪学家看来,犯罪越是残暴,证人的可信程度就越高。由这种最残暴的呆痴所发明的公理是:"In atrocissimis leviores coniecturae sufficiunt, et licet judici jura transgredi."把它翻译成俗话,欧洲人将看到那些缺乏理性的并被他们所盲目遵从的无数公理之一:"对于极为残暴的犯罪(即不大可能的犯罪)来说,稍稍地推想一下就行了,法官越权也是正当的。"这种立法上的荒谬实践,往往产生于人类矛盾的主要源泉——恐惧。那些立法者(偶然的机遇授权这些法学家来决定一切,使他们从利欲熏心的刀笔吏变为人类命运的裁判者和立法者)由于担心某些无辜者受冤枉而把过多的手续和例外加进法学之中,严守这些手续和例外将使犯罪不受处罚的无政府主义登上公正的王位;由于害怕一些残暴和难以证实的犯罪,他们又认为有必要逾越自己制定的规程。就这样,他们时而表现出专制的蛮横鲁莽,时而又表现出女人的优柔寡断,从而把严肃的审判变成了一场充斥着荒诞和欺骗的儿戏。——贝卡里亚

第 13 章
证人

第 14 章

犯罪嫌疑和审判形式

在计算一件事的确实程度,例如,衡量犯罪嫌疑的可靠性时,用得上这样一个一般公式:如果某一事件的各个证据是互相依赖的,即各种嫌疑只能互相证明,那么,援引的证据越多,该事件的或然性就越小。因为,可能使先头证据出现缺陷的偶然情况,会使后头的证据也出现缺陷。如果某一事件的各个证据都同样依赖于某一证据,那么,事件的或然性并不因为证据的多少而增加或减少,因为所有证据的价值都取决于它们所唯一依赖的那个证据的价值。如果某一事件的各个证据是相互独立的,即各个嫌疑被单个地证实,那么,援引的证据越多,该事件的或然性就越大。因为,一个证据的错误并不影响其他证据。

我在犯罪问题上讲或然性,而为了足以科处刑罚,犯罪则应当是肯定的。不过,如果人们注意到:伦理的肯定性,严格说,只不过是一种被称为肯定性的或然性,因为每个具有良知的人都必然接受一种行事所需不期而然的习惯,那么对他们来说,我的观点将不是什么奇谈怪论。证实某人是否犯罪所要求的肯定性,是一种对每个人生命攸关的肯定性。

证实犯罪的证据,可以分为完全的和不完全的。那些排除了无罪可能性的证据,我称之为完全的。这种证据,只要有一个,就足以定罪。不能排除无罪可能性的证据,则是不完全证据。这种证据要变成完全的,需要有足够的数量。也就是说,从单个证据来看,无罪是可能的,而把这些证据连贯起来看,无罪则是不可能的。注意:在这里,罪犯可以借以辩解(虽然他不一定这样做)的不完全证据,已转变为完全的了。

但是,就证据在道德上的肯定性来说,感觉它比明确地加以界定要容易一些。因此,我认为:优秀的法律应当为主要法官配置一些随机产生的而不是选举产生的陪审官,因为,在这种情况下,根据感情作出判断的无知,较之根据见解作出判断的学识要更可靠一些。在法律明了和确切的地方,法官的责任只是审定事实。如果说寻找证据需要精明干练,作出结论必须明白准确的话,那么,在根据结论作出裁判时,只要求朴实的良知;而一个总是期望发现罪犯同时又落入学识所形成的人为窠臼的法官,他的知识却比较容易导致谬误。生活在一个法律不是一门学识的国家该多么幸福啊!

每个人都应由同他地位同等的人来裁判,这是最有益的法律。因为,在那些关系公民自由和幸福的地方,不应该让煽动不平等的那些感情作怪。走运者看待不幸者的优越感,下等人看待上等人的嫉恨心,都不能从事这种裁判。然而,当犯罪侵害的是第三者时,法官就应该一半是与罪犯地位同等的人,一半是与受害者地位同等的人,这样,那些改变包括无意中改变事物面目的各个私人的利益得以平衡,这时候,发言的便只是法律和真相了。

第 14 章
犯罪嫌疑和审判形式

被告人❶可以在一定程度上排除他所信不过的人,这也是符合公正原则的。允许被告人在一定时间内不遇到对头,就像是他自己在给自己定罪。

审判应当公开,犯罪的证据应当公开,以便使或许是社会唯一制约手段的舆论能够约束强力和欲望;这样,人民就会说:我们不是奴隶,我们受到保护。这种感情唤起勇气,而且对懂得自己真正利益所在的君主来说,这相当于一种贡品。

我将不再谈论类似制度所要求的其他细枝末节,如果必须和盘托出的话,我可能什么也说不出来。

---

❶ 贝卡里亚在此使用的是 reo,这个词有"罪犯"和"被告人"的含义,在本书中贝卡里亚使用频率颇高,且未作特别区分。——译者注

第 15 章

秘 密 控 告

秘密控告[1]显然是不正常的现象,却为当局所认可;在很多国家里,由于制度的软弱,它成了必不可少的东西。

这种风俗把人变得虚伪和诡秘。人们一旦怀疑别人是告密者,就视之为敌人。这样,人们往往掩饰自己的感情,由于他们习惯于对别人隐藏这种感情,以至于发展到对自己也同样隐藏这种感情。他们没有明确而稳定的准则作指导,迷失在见解的烟海之中;他们竭力躲避威胁着自己的恶人,在对前途的忡忡忧虑中熬过眼前的时光;他们享受不到持久的恬适和安全,那刚刚降临到他们悲惨生活中的少许欢乐立即被囫囵地消受掉,能活在世间,就是他们的唯一安慰。人到了这种地步,该多么不幸啊!

难道我们能把这种人当做保卫祖国和君权的无畏战士吗?难道我们能从这些人当中找出廉正的司法官员吗?只有以自由和爱国的雄辩来维护和发展君主真正利益的司法

---

[1] 在当时的威尼斯共和国,曾实行秘密控告和私下举报的制度。在《论犯罪与刑罚》的第一版中,"秘密控告"一语后还有"在某些意大利城市中那些诬陷的嘴巴"一语,但据说,这后一句话在贝卡里亚的手稿中是划掉的。——译者注

官员,才能把人类各阶层的爱戴和颂扬同贡赋一起带给君主,并转达君赐予百姓们的和平、安全以及改善命运的积极希望(这是可贵的活力,是国家的生命)。

当诬陷被暴政的最坚硬的盾牌——秘密武装起来时,谁又能保护自己不受诬陷呢?当统治者把自己的臣民都怀疑为敌人,并且为了社会的安宁而不得不剥夺他们每个人的安宁时,这样的统治命运将会如何呢?!

秘密控告和秘密刑罚根据什么理由来为自己辩解呢?据说,是为了公共福利、安全和维护现存管理体制。但是,多么奇怪,这种拥有权力和舆论(这是比权力更为有效的东西)的制度,竟然害怕每个公民!是为了照顾密告者吗?看来法律并不足以保护他们,而且还会有比君主更强大的臣民!是为了避免密告者声名狼藉吗?难道因此就让秘密诬陷得到认可,让公开控告受到惩罚?是根据犯罪的本性吗?如果被称为犯罪的是一些无足轻重的,甚至有益于公众的行为,那么,控告和审判就从来不是保密的。怎么可能有这样的犯罪:它们是对公众的侵犯,而同时大家却不关心使该鉴戒公开,即审判公开呢?

我尊重每一个政府,而且我的话并不针对任何特定的政府。有时事情实际上就是这样:当某一种弊端同一个国家的制度密切联系时,可以想象,清除这种弊端将意味着毁灭这种制度。然而,要是我在世界的某个遥远的角落发布新法律的话,在认可类似秘密控告这样的风俗之前,我的手会颤抖,眼前会浮现出未来的后代。

孟德斯鸠先生曾经说过:公开控告是比较适合于共和国

的,在那里,公共福利将成为公民的第一愿望。而在君主制国家中,由于政府的本性,这种感情就极为薄弱,在那里,最好设置一些专员,以公共的名义,向触犯法律者提起控告。但是,每个政府,不论是共和国政府还是君主制政府,都应对诬陷者处以反坐的刑罚。

第 15 章
秘密控告

第 16 章

刑　　讯

为了迫使犯人交代罪行,为了对付陷于矛盾的犯人,为了使犯人揭发同伙,为了洗涤耻辱——我也不知道这有多么玄虚和费解,或者为了探问不在控告之列的另外一些可疑的罪行,而在诉讼中对犯人进行刑讯,由于为多数国家所采用,已经成为一种合法的暴行。

在法官判决之前,一个人是不能被称为罪犯的。只要还不能断定他已经侵犯了给予他公共保护的契约,社会就不能取消对他的公共保护。

除了强权以外,还有什么样的权力能使法官在罪与非罪尚有疑问时对公民科处刑罚呢?这里并未出现什么新难题,犯罪或者是肯定的,或者是不肯定的。如果犯罪是肯定的,对他只能适用法律所规定的刑罚,而没有必要折磨他,因为,他交代与否已经无所谓了。如果犯罪是不肯定的,就不应折磨一个无辜者,因为,在法律看来,他的罪行并没有得到证实。

但是,我还要说:要求一个人既是控告者,同时又是被告人,这就是想混淆一切关系;想让痛苦成为真相的试金石,似乎不幸者的筋骨和皮肉中蕴藏着检验真相的尺度。这种方法能保证使强壮的罪犯获得释放,并使软弱的无辜者被定罪处罚。这就是那臆想的真相尺度造成的致命弊端,而只有食人者才需要这种尺度,罗马人(他们也比名义上要野蛮)曾只对少数奴隶——即一种备受赞扬的残忍道德的牺牲品——使用这种尺度。

什么是刑罚的政治目的呢?是对其他人的威慑。但是我们应该如何评断这一暴虐的习惯对犯人和无辜者所施加的、秘密和私下的迫害呢?重要的是不要让任何显露的犯罪逍遥法外,而没必要去揭露谁犯有湮没无闻的罪行。当恶果已成为无可挽回的事实之后,只是为了不使他人产生犯罪不受惩罚的幻想,才能由政治社会对之科处刑罚。如果说出于畏惧或道德而遵守法律的人的确比触犯它的人多的话,那么折磨无辜者的可能性就应该被更充分地估计到,因为,在同样的条件下,一个人尊重法律的可能性也大于蔑视法律的可能性。

采用刑讯的另一个可笑理由是:洗涤耻辱,也就是说,被法律认为可耻的人,应该用骨位脱臼来证实他的口供。在18世纪,这种滥用是不能被容忍的。有人认为:作为一种感觉的痛苦可以洗刷纯粹作为一种道德关系的耻辱。难道痛苦是一块试金石吗?难道耻辱是一种肮脏的混杂物吗?

追溯这种可笑的法律的根源并不困难。这些被整个一个国家所采纳的荒谬东西,往往同另一些在该国家受到尊重的共同观念具有某些联系。看来,这种习惯的根源就是几百年来深深地影响着人们思想和行为并影响着民族和时代的、宗教的和精神的观念。

第 16 章
刑讯

一条不可动摇的教义向我们断言：人类的怯弱所招致的污点不配领教上帝的永恒怒火，而应当由一种莫名其妙的火来清除。耻辱就是一种世俗的污点，既然痛苦和火可以消除无形的精神污点，为什么刑讯中的痉挛就不能消除作为耻辱的世俗污点呢？

一些法庭把犯人的交代作为定罪的主要依据，我认为这也是受着同样的影响，因为，在那些神秘的忏悔法庭上，圣事的主要部分就是听取罪人们的忏悔。人们就这样滥用着神明启迪的最可靠的灯火；由于它们是蒙昧时代中唯一有效的东西，因而，温善的人道就到处使用它们，并用它们去做最荒诞离奇的事情。耻辱这种感情，既不受法律的支配，又不受理性的支配，而是受公共舆论的支配。实际上，刑讯本身就给受害人带来了一种耻辱。因此，这种方式是在用耻辱洗涤耻辱。

采用刑讯的第三个理由❶是：对付那些在审查中陷于矛盾的可疑犯。但是，对刑罚的恐惧、对审判的惶惑、法庭的阵势、法官的威严，以及几乎人所共有的无知❷，难道就不能使那些胆怯的无辜者和竭力自保的罪犯陷于矛盾吗？！当人的心绪完全忙乱于避免迫近的危险时，那种连冷静者也会产生的矛盾难道就不会更加突出吗？！

在野蛮的古老法制中，烈火和沸水的考验以及其他一些

---

❶ 在"42章版"中，这是"第二个理由"。——译者注
❷ 在"42章版"中，此处使用的是"innocenza"（无辜感）一词。——译者注

捉摸不定的械斗❶曾被称作神明裁判,似乎上帝手中永恒链条的环节在任何时候都会被人类轻率的手段所瓦解和脱节。而那个名声不佳的真相试金石,正是今天仍保留的古老法制的纪念碑。刑讯和烈火与沸水的考验之间所存在的唯一差别就在于:前者的结局似乎依赖于犯人的意志,而后者的结局则依赖于纯粹体格和外在的事实。但是,这种差别只是表面上的,而不是实际上的。在痉挛和痛苦中讲真话并不那么自由,就像从前不依靠作弊而避免烈火与沸水的结局并不那么容易一样。我们意志的一切活动永远是同作为意志源泉的感受印象的强度相对称的,而且每个人的感觉都是有限的。因而,痛苦的影响可以增加到这种地步:它占据了人的整个感觉,给受折磨者留下的唯一自由只是选择眼前摆脱惩罚最短的捷径,这时候,犯人的这种回答是必然的,就像在火与水的考验中所出现的情况一样。有感性的无辜者以为认了罪就可以不再受折磨,因而称自己为罪犯。罪犯与无辜者间的任何差别,都被意图查明差别的同一方式所消灭了。

无辜者被屈打成招为罪犯,这种事真是不胜枚举,用不着我多费笔墨。没有哪一个国家和时代不存在这种事例。但是,人们对此既无动于衷,又不汲取教训。没有一个人会使自己的思想超越生活的需要,甚至不理睬本性用秘密而微弱的声音向他发出的呼唤。刑讯的习惯是对人思想的暴虐,使他畏惧,使他退缩。

---

❶ 例如,当时的"司法决斗",被告人的命运取决于决斗结局的胜负。——译者注

第 16 章
刑讯

每一个人的本质和感觉各不相同,刑讯的结局正体现着对个人体质和感觉状况的衡量和计算。因此,一位数学家大概会比一位法官把这个问题解决得更好:他根据一个无辜者筋骨的承受力和皮肉的敏感度,计算出会使他认罪的痛苦量。

审查犯人就是为了了解真相。真相有时会从大部分人的面目表情中不期而然地流露出来,然而,如果说从一个平静人的语气、姿态和神色中很难察觉出真相的话,那么,一旦痛苦的痉挛改变了他的整个面目表情,真相就更难流露出来了。任何强暴的行为都混淆和抹杀了真假之间微小的客观差别。

这些真理已经为罗马立法者所认识,他们仅仅对少数完全被剥夺了人格的奴隶才采用刑讯。这些真理也已为英国所接受❶,在那里,文字的光荣、贸易和财富——也就是实力——的崇高地位、美德和勇敢的典范,使我们完全相信他们法律的优良。在瑞士,刑讯已经被废除❷,被欧洲的一位最贤明的君主❸所废除。这位热爱臣民的立法者,把哲学带上了王位,使臣民们自由和平等地依靠法律,这是理智者在目前的事物组合中唯一可以求得的平等和自由。

军队大部分是由下流社会的成员组成的,因此,它们好

---

❶ 1215年签署的《大宪章》禁止使用刑讯。——译者注
❷ 瑞士于1734年宣布对普通犯罪废除刑讯。但对某些"政治犯罪",仍保留一些残酷的刑讯手段。——译者注
❸ 费德里格二世(Federico II di Prussia, 1712—1786)。他一登上王位,即宣布废除刑讯。——译者注

像更需要采用刑讯,然而,这些军队的法律却不认为刑讯是必不可少的。有些人并不把刑讯看成是多么重大的暴政,在他们看来,和平的法律应当向那些对屠杀和流血已麻木不仁的心灵学习最人道的审判方式,真是咄咄怪事。

这一真理终于被那些对它采取回避态度的人所察觉,尽管是模模糊糊的察觉。在刑讯过程中作出的交代,只有经中止刑讯后的宣誓加以肯定才生效。然而,如果犯人不加以肯定,就还要再受折磨,有些学者和国家只允许这种声名狼藉的预期理由❶最多适用三次❷,另一些国家和学者则把它留给法官去裁夺。

两个同样的无辜者或罪犯,强壮勇敢的将获得释放,软弱怯懦的将被定罪处罚。其根据就是这样一种明确的推理:"我,法官,责任是找出这一犯罪的罪犯。你,强壮者,能抵御住痛苦,我释放你。你,软弱者,屈服了,我就给你定罪。据说屈打成招的东西靠不住,如果你们不再证实过去的交代,我将重新折磨你们。"

刑讯必然造成这样一种奇怪的后果:无辜者处于比罪犯更坏的境地。尽管二者都受到折磨,前者却是进退维谷:他或者承认犯罪,接受惩罚,或者在屈受刑讯后被宣布无罪。但罪犯的情况则对自己有利,当他强忍痛苦而最终被无罪释放时,他就把较重的刑罚改变成较轻的刑罚。所以,无辜者

---

❶ "预期理由"(petizione di principio),一种强词夺理的推论,即用未经证明的论据去论证论题的真实性的逻辑错误。——译者注
❷ 例如,中国《唐律疏议》卷第29"断狱"中规定:"诸拷囚不得过三度。"——译者注

第16章
刑讯

只有倒霉,罪犯则能占便宜。

那些安排了刑讯的法律告诉人们:"你们忍受住痛苦吧!如果说自然在你们身上创造了一种不可泯灭的自爱精神,并赋予你们一种不可转让的自卫权利的话,那么,我为你们创造的则是一种恰恰相反的东西,即勇敢地痛恨自己。我命令你们指控自己,即使骨位脱臼,也要讲实话。"

为了考查某个罪犯是否还犯有控告以外的其他罪行而采用刑讯,这等于是说:"你是某一罪行的犯人,那么,你也有可能是其他各种罪行的犯人,这使我深感怀疑,我要用我的真相标准核实一下。法律折磨你,因为你是罪犯;因为你可能是罪犯;因为我想你是罪犯。"

最后,为了使其揭发同伙,对被告人也实行刑讯。但是,揭露同伙也属于应该查清的真相之一。如果说,刑讯的确不是揭示真相的正确方式,那么,它怎么会有助于揭露同伙呢,这不也是一种需要揭示的真相吗?一个指控自己的人难道不是更容易指控他人吗?为了其他人的罪行而折磨人,难道是公正的吗?难道通过考查证人和犯人,通过各种证据和物证,总之,通过一切可以有助于查清被告人罪行的途径,还揭露不出被告人的同伙吗?

当某一罪犯落网以后,一般来说,他的同伙就立即躲避起来了,他们存亡未卜的命运就给自己判处了流放刑,并使国家摆脱了再受侵害的危险。与此同时,对被抓获者的刑罚达到了它的唯一目的,即以威慑来防止他人再犯类似罪行。

第 17 章

关 于 国 库

曾经几乎所有的刑罚都是财产刑。人们的犯罪成为君王的财富,侵犯公共安全的行为成了君王收入的来源。担负保卫公共安全任务的人,却指望着公共安全受到侵犯。因而,处罚科刑变成国库(刑罚的税收者)与罪犯之间的一场争执,变成一场失去公共色彩的民事纠纷,它使国库丢开公共保护任务所赋予的权利而行使另一些权利,使罪犯蒙受的不白同树立鉴戒的需要毫无关系。就这样,法官成了国库的律师,而不再是铁面无私的寻求真相者;成了国库出纳的代理人,而不再是法律的保护者和仆人。

在这种制度下,供认自己犯了罪就等于供认自己欠了国库的债,这是当时刑事诉讼的目的。因而,取得犯罪的供认并且使这种供认变成帮助而不有损于国库的理由,成为整个刑事程序所围绕的中心,至今仍是这样(在原因之后,结果常常持续极长的时间)。如果得不到这方面的供认,即使是证据确凿的罪犯,也将受到轻于法定刑的刑罚,并且也不会因他可能犯下的其他同类罪行而遭受刑讯。如果得到这方面的供认,法官就把犯人的躯体据为己有,通过一些模式化的手续,对他施加酷刑,以便榨取尽可能多的利润,就像从一块土地上收获一样。一旦证明存在着犯罪,罪犯的供认就成了一种令人信服的证据。诉诸强力,使罪犯陷于痉挛和痛苦的绝望,就是要让这种证据更加无可置疑,而罪犯在还没有强烈地惧怕折磨性审判时所作出的平静和诚实的诉讼外坦白,却不足以定罪。那些澄清事实但有损于国库的调查和其他证据被摈弃。有些罪犯偶尔幸免于折磨,并不是照顾他的可怜和孱弱,而是为了保住国库这个想象中的和不可思议的机构可能失去的利益。

法官成了犯人的敌人,成了那个陷于囹圄、桎梏加身、忍受折磨、前途莫测的人的敌人。法官不去寻求事实的真相,而是在囚徒中寻找罪犯,并为此而设置圈套。他认为:如果不能以此而取得成就的话,那就是失败,就有损于他那称霸一切的一贯正确。逮捕的条件由法官掌握;为了证实某人无罪,就要先宣布他是罪犯,这被称为实行侵犯式诉讼。❶ 在18世纪,在文明欧洲的几乎所有地方,刑事诉讼程序就是这样的。为理性所要求并被军事法律所采纳的真正的诉讼,即不偏不倚地了解事实的调查式诉讼❷,却极少在欧洲的法庭上采用,而专制的亚洲在一些安定的和无关紧要的情况下却采用这种诉讼。

这些都是多么荒诞离奇的复杂现象啊! 将来最幸福的后代肯定不会相信它们。到那时候,只有少数哲学家能从人的本性中看出:这种制度是可能出现过的。

---

❶ 在现代刑诉理论中也被称为"纠问式诉讼",即审判者也承担提出指控和调查取证的职责。——译者注

❷ 在现代刑诉理论中也被称为"控告式诉讼",在这种诉讼模式中,审判机关以中立的态度听取控辩双方的意见。——译者注

第 18 章

宣　　誓

当一个犯人能够从说谎中得到极大好处的时候,为了使他诚实可信,要求他进行宣誓❶,由此,产生了人的自然感情同法律之间的一种矛盾。这就好像一个人会通过宣誓而把促使自身毁灭的行为变成义务;好像宗教能够干涉大多数人考虑自己的利害得失。

所有世纪的历史表明,人们最常滥用的就是上天这一珍贵的恩赐。如果说所谓贤明者也经常亵渎它的话,罪犯又凭什么要去遵从它呢?一般来说,在抵御恐惧的袭扰和生活的诱惑的斗争中,宗教的力量太软弱了,因为它们太脱离人们的感官了。

处理上天事务的法律与处理人类事务的法律是迥然不同的,为什么这些事务要相互干扰呢?为什么要让人陷入或者失去上帝或者自取毁灭这样一种可怕的矛盾之中呢?要求进行这种宣誓的法律,迫使人们或者做一个坏基督徒,或者成为一个殉道者。这种宣誓逐渐演变为一种简单的手续,就这样,它把宗教感情的力量(对大多数人来说,它是诚实的

---

❶ 根据当时的诉讼制度,被告人在回答讯问之前必须宣誓,并且要求被告人在以宣誓称控告虚假与自我认罪之间进行抉择。——译者注

唯一[1]担保物)给摧毁了。

经验告诉我们：宣誓从来没有能使任何罪犯讲出真相，对此，每一个法官都可以为我作证。理性宣布：一切违背人的自然感情的法律都是无益的，最终也是有害的。经验和理性都表明：这种宣誓是何等的徒劳无用。

一切违背人的自然感情的法律的命运，就同一座直接横断河流的堤坝一样，或者被立即冲垮和淹没，或者被自己造成的漩涡所侵蚀，并逐渐溃灭。

---

[1] "42章版"中无"unico(唯一)"一词。——译者注

第 19 章

刑罚的及时性

惩罚犯罪的刑罚越是迅速和及时,就越是公正和有益。

说它比较公正是因为:它减轻了捉摸不定给犯人带来的无益而残酷的折磨,犯人越富有想象力,越感到自己软弱,就越感受到这种折磨。还因为,剥夺自由作为一种刑罚,不能被施行于判决之前,如果并没有那么大的必要这样做的话。在被宣判为罪犯之前,监禁只不过是对一个公民的简单看守;这种看守实质上是惩罚性的,所以持续的时间应该尽量短暂,对犯人也尽量不要苛刻。这一短暂的时间应取决于诉讼所需的时间以及有权接受审判者入狱的先后次序。监禁的严密程度只要足以防止逃脱和隐匿犯罪证据就可以了。诉讼本身应该在尽可能短的时间内结束。法官懒懒散散,而犯人却凄苦不堪;这里,行若无事的司法官员享受着安逸和快乐,那里,伤心落泪的囚徒忍受着痛苦,还有比这更残酷的对比吗?!

一般说来,刑罚的强度和犯罪的下场应该更注重对他人的效用,而对受刑人则应尽可能不要那么严酷。人们情愿忍受的是尽可能小的不幸,如果这个原则在一个社会不是确定无疑的,这个社会就不能被称为合理的。

我说刑罚的及时性是比较有益的,是因为:犯罪与刑罚之间的时间隔得越短,在人们心中,犯罪与刑罚这两个概念的联系就越突出、越持续,因而,人们就很自然地把犯罪看做起因,把刑罚看做不可缺少的必然结果。事实上,这些概念的结合是建造整个人类智慧工厂的水泥,否则,欢乐和痛苦就成了一些无结果的孤立感情。人们越是远离一般的观念和普遍的准则,也就是说,越是平俗,就越是根据直接的和比较接近的联系行事,而忽略比较深远和复杂的联系。这后一种联系仅仅服务于完全醉心于追求某一目标的人,因为他的目光关注着这个唯一的目标,对其他一概视而不见。同样,这种联系也服务于最卓越的头脑,因为他习惯于迅速浏览很多事物,并干练地把很多片面的感情相互对比,因而,他的行动往往是万无一失的。

只有使犯罪和刑罚衔接紧凑,才能指望相连的刑罚概念使那些粗俗的头脑从诱惑他们的、有利可图的犯罪图景中猛醒过来。推迟刑罚只会产生使这两个概念越离越远的结果。推迟刑罚尽管也给人以惩罚犯罪的印象,然而,它造成的印象不像是惩罚,倒像是表演,并且只是在那种本来有助于增加惩罚感的、对某一犯罪的恐惧心理已在观众心中减弱之后,才产生这种印象。

刑罚应尽量符合犯罪的本性,这条原则惊人地进一步密切了犯罪与刑罚之间的重要连接,这种相似性特别有利于人们把犯罪动机同刑罚的报应进行对比,当诱人侵犯法律的观念竭力追逐某一目标时,这种相似性能改变人的心灵,并把它引向相反的目标。

第 20 章

暴　　侵

在这类犯罪中，一部分是侵犯人身；另一部分是侵犯实物。[1] 头一部分犯罪，无疑应受到身体刑的惩处。

伟人和富翁都不应有权用金钱赎买对弱者和穷人的侵犯。否则，受法律保护的、作为劳作报酬的财富就变成了暴政的滋补品。一旦法律容忍在某些情况下人不再是人，而变成了物，那么自由就不存在了。那时候你会看到：豪强们将完全致力于从大量的民事关系中发掘法律为他们提供的便利。这一发现具有神奇的魔力，它把公民变成受奴役的牲畜，它在豪强手中是一条束缚鲁徒和弱者的锁链。正是由于这一原因，使得一些国家表面上很自由，暗中却隐伏着暴政，或者暴政意想不到地钻进某些被立法者忽视的角落，在那里潜移默化地发展着自己。人们常常只注意建造一些防止公开暴政的较坚固的堤坝，却看不到那些不起眼的爬虫正在侵蚀着千里大堤，为河流的泛滥开辟着既可靠又隐秘的途径。

---

[1] 此处没有"42章版"中的"一部分是损害名誉"一语。——译者注

第 21 章

对贵族的刑罚

在一些国家的立法中,贵族的特权占有重要地位,那么,贵族犯罪之后应受到怎样的刑罚呢?在这里,我不去探讨贵族与平民之间的世袭区别对某一政府是否有益,或者在某个君主国中是否必要;是否这一区别确实形成了一种居中的权力,限制两极的越轨行为,或者是否会形成一个既约束自己又约束他人的阶层,把信任和希望的交流限制在一个极狭窄的小圈子之内,好似广袤的阿拉伯沙漠中富饶而宜人的绿洲。我也不去探讨:何时不平等确实是不可避免的,或是对社会有益的;这种不平等应该体现于阶层之间呢,还是应体现于个人之间;应该稳定于政治肌体的某一部分呢,还是应在其整体中循环;应该一成不变呢,还是应有生有灭?我只想谈谈对这一阶层的刑罚问题。我主张:对于贵族和平民的刑罚应该是一致的。

法律认为:所有臣民都平等地依存于它,任何名誉和财产上的差别要想成为合理的,就得把这种基于法律的先天平等作为前提。应当考虑到:那些抛弃了强横本性的人们曾说过:谁越勤奋,谁的荣誉就越高,他的名声将在其后代中显赫。然而,人越是幸福,越受尊敬,他的希望就越多,同时也与其他人一样,害怕侵犯那些他赖以出类拔萃的契约。的确,没有哪个人类议会曾颁布过这样的法令,然而,它却蕴含于事物当中的稳固关系,它并不是要消灭尊贵所带来的便利,而是要防止这些便利造成麻烦。它使法律令人望而生畏,并堵塞一切使犯罪不受处罚的漏洞。

有人会说,从教育上的差别以及一个富贵家庭将蒙受的耻辱来看,对贵族和平民处以同等的刑罚,实际上是不平等的。对此,我回答说:量刑的标尺并不是罪犯的感觉,而是他对社会的危害,一个人受到的优待越多,他的犯罪行为造成的公共危害也就越大。刑罚的平等只能是表面上的,实际上则是因人而异的。犯人的家庭所蒙受的耻辱,可以由君主对无辜家庭公开表示的恩惠所洗刷。谁不晓得这种感人的手续对轻信和惊叹的人民来说能够取代理性的地位呢?

第 21 章
对贵族的刑罚

第 22 章

盗　　窃

对于不牵涉暴力的盗窃,应处以财产刑。对那些大发他人之财的人应该剥夺他们的部分财产。但一般说来,盗窃是一种产生于贫困和绝望的犯罪,是不幸者的犯罪,所有权(可怕的、也许是不必需的❶权利)为他们保留的只是一贫如洗的地位。同时,财产刑要求犯人付出的钱数超过了他所侵犯的数额,并迫使一些无辜的人们为罪犯付出代价。所以,最恰当的刑罚是那种唯一可以说是正义的苦役,即在一定的时间内,使罪犯的劳作和人身受到公共社会的奴役,以其自身的完全被动来补偿他对社会公约任意的非正义践踏。

不过,如果盗窃活动中加进了暴力,那么刑罚也应该是身体刑和劳役的结合。在我以前的一些学者已经证明:对暴力盗窃和诡计盗窃在刑罚上不加以区别,荒谬地用一大笔钱来抵偿一个人的生命,会导致明显的混乱。重复这些似乎从

---

❶ 在《论犯罪与刑罚》的第一版中,此处为"可怕的、也许是必需的权利",而在第三版中,"必需的"一词前增加了"不"字。不少学者认为,否定词"不"是后来排版人造成的错误,贝卡里亚并不认为所有权是"不必需的"。但是,也有的学者认为,这是贝卡里亚的真实想法,根据是:彼得罗·韦里在1767年9月16日写的一封信中,曾嘲笑贝卡里亚想在法典中"删除所有权"。——译者注

未遵循过的真理,绝不是多余的。政治机器比其他任何机器都更加保守业已定型的动作,在接受新的动作方面,它最为缓慢。这两种犯罪是具有本质区别的。参差的数量之间存在着分解它们的无限量,这条数学公理在政治上也是极为确切的。

第 22 章
盗窃

第 23 章

耻　　辱

人身侮辱有损于人的名誉,也就是说,有损于一个公民有权从他人那里取得的那份正当的敬重。对于这种侮辱行为,应该处以耻辱刑。

耻辱是一种受到公众谴责的标志,它使罪犯失去了公众的拥戴、祖国的信任和社会所倡导的关爱。

耻辱并不是一种取决于法律的东西。因而,法律所处以的耻辱必须同产生于事物关系本身的耻辱相一致,必须同普遍道德和各个制度下的特定道德——它们是世俗舆论和本国舆论的立法者——所倡导的耻辱相一致。如果它们相互分歧,那么,不是法律失去了公众的尊重,就是道德和正直的观念变成从来就抵抗不住实例的空洞说教。谁把本身无关紧要的行为宣告为耻辱,谁就减少了真正耻辱行为的耻辱。

耻辱这种刑罚不应该过于经常地使用。因为,如果过于频繁地借助舆论的实际效果,就削弱了它本身的力量。另处,这种刑罚也不应该一下子施用于一大批人,因为,如果大家都耻辱,就成了谁都不耻辱了。

有些犯罪出于妄自尊大,它们从痛苦中获取荣耀和精神给养,对这类犯罪不适用痛苦的身体刑;相反,讥笑和耻辱却是行之有效的,这种刑罚用观众的高傲约束狂热者的妄自尊大,而且真理本身也恰恰凭借自己的耐力和顽强来避开这种刑罚的韧劲。用力量对付力量,用舆论对付舆论,就这样,聪明的立法者使人们从荒谬原则所造成的感叹和惊奇中清醒过来。经过不断文饰,荒谬原则通常向民众掩盖起自己荒谬的本原。

瞧,这种方法没有使事物的关系或者说事物不可改变的本性发生混淆,这种方法的使用不受时间的限制并总在不断地起着作用,使一切偏离它的有限规则相互结合和发展。并不是只有赏心悦目的艺术才把忠实地刻画自然作为自己的基本原则。政治,至少是真正的和持久的政治,也服从这一基本原则,因为,它只不过是一种指导人的永恒情感并使之相互和谐的艺术罢了。

第 23 章
耻辱

第 24 章

懒 惰 者[1]

谁扰乱了公共安宁,谁不遵守法律,即不遵守人们借以相互忍让和保护的条件,谁就应该受到社会的排斥,也就是说,应该受到驱逐。

正是由于这样的原因,明智的政府是不容许在自己辛勤劳苦的肌体内部存有政治惰性的。我称之为政治惰性的东西,对社会既不贡献劳苦,又不贡献财富;它只知获取,却不付任何代价;凡夫俗民对它咂嘴惊叹,明智者却为被它糟蹋的一切感到愤愤不平;它丧失了保持并提高生活幸福所必需的那种进取的活力,却把全部精力耗费在颇为强烈的舆论欲上。

一些古板的说教者把上述惰性同表现在辛勤积累财富上的惰性混为一谈。然而,确定什么是应受惩罚的惰性,不能依靠某些监察官刻板而有限的美德,而要依靠法律。有些人享受的是自己前辈用罪恶或美德换来的果实,他们为了一时的欢乐,向辛勤的贫困者出卖生计手段和条件,从而和平地指挥一场带来繁荣的无声的产业战争,而不是依靠强力进

---

[1] 在"42 章版"中,本章的标题被改为"关于政治惰性"。——译者注

行那种危险的血腥的战争。这种人在政治上并不具有惰性。随着社会的扩展,随着行政管理的不断严明,这种惰性也就越加有益和必要。

对于那些被指控犯有凶残罪行的人,如若只是有重大嫌疑,但还确定不了他们就是罪犯的话,看来应该将他们驱逐。但是,这样做需要有一个非武断的、尽量准确的章程,以此来惩办那些使国家处于下述灾难性抉择——或者畏惧他或者侵犯他——之中的人,同时,也给予他证实自己无罪的神圣权利。据以驱逐本国人和首次受控告者的理由,应比据以驱逐外国人和屡受控告者的理由更加充分。

第 24 章
懒惰者

第 25 章

驱逐和没收财产

然而,一个人被驱逐并被从他原来所属的社会永远开除出去之后,他的财产应该被剥夺吗?这个问题涉及不同的方面。剥夺财产是一种比驱逐更重的刑罚。应该根据犯罪的程度,分别给予剥夺全部、剥夺部分、不予剥夺三种不同的处置。剥夺全部财产应发生在法律所宣告的驱逐消灭了社会与犯罪公民间一切现存关系的时候,他的公民身份已经丧失,只剩下一个单纯的人了,对于政治机体来说,与自然死亡相同的效果应该产生。既然驱逐在政治上无异于死亡,那么,从罪犯那里剥夺的财产看来就应该归属于他的合法继承人,而不应归属于君主。

但是,我之所以胆敢就没收财产提出异议,并不是仅仅因为这一细故。某些人认为:没收财产是对复仇能力和私人势力的约束。但是,他们没有考虑到,尽管这些刑罚会带来好处,但它们并不总是正义的,因为,被称为正义的刑罚应该是必要的刑罚。伺机以待的暴政以暂时的利益和某些显贵的幸福为诱饵,却不顾无数不幸者的绝望和眼泪,立法者如果不想使暴政有机可乘,就不能容忍有利可图的非正义。

没收财产是在软弱者头上定价,它使无辜者也忍受着罪犯的刑罚,并使他们沦于必然也去犯罪的绝境。法律要求家庭服从家长,这使得家庭在本来有办法阻止犯罪时却不能这样做;一个家庭因家长犯罪而蒙受耻辱和苦难,这是多么痛心的事情啊!

第 25 章
驱逐和没收财产

第 26 章

关于家庭精神

就连一些最明达的人士都赞成这种有害的并得到认可的非正义,就连一些最自由的共和国也实行这种非正义,因为他(它)们一直更倾向于把社会看做是家庭的联合体,而不是人的联合体。

假定有十万个人或者有两万个五口之家,每个家庭中,包括一位代表着家庭的家长。如果按家庭进行联合,就意味着有两万个人和八万个奴隶;如果按人进行联合,就意味着有十万个公民,而没有一个奴隶。在第一种情况下,有一个共和国和两万个组成它的小君主国;在第二种情况下,共和国的精神就不仅洋溢在国家的广场和集会上,同时也吹进了人们领受大部分幸福或苦难的地方——家庭的墙院内。在第一种情况下,既然法律和习俗是共和国成员的或者说家长的习惯和感情的结果,因而,君主制的精神渐渐地渗透进共和国之中。这种精神的影响将只受每个人对立利益的制约,而不受渴望自由与平等的感情的约束。

家庭精神是一种拘泥小事的琐碎精神,而共和国的调整精神,作为基本原则的控制者,则会看到这些小事,并把它们聚合在关系着大部分人幸福的基本类别之中。在家庭共和国里，只要家长还活着，子女们就始终处于他的权力之下，他们非得等到家长死后，才能取得依靠法律的地位。在精力最旺盛的年轻时代，感情很少受那种被叫做"中庸"的老成退缩心理的影响。如果人们年轻时就养成了屈从和怯懦的习惯，那么，他们在失去活力的衰老年代，在那因不希求看到变革成果而对蓬勃的变革产生反感的时期，怎么能抗拒邪恶常常为美德设置的阻碍呢？

当共和国是由人构成时，家庭就不意味着遵从命令，而意味着遵从契约。子女们的年龄一旦增长到使他们摆脱弱小和需要教育及保护的自然依赖状态时，他们就变成了城市的自由成员。他们接受家长的制约是为了像伟大社会的自由人那样分享利益。在第一种情况下，孩子们即国家中最有用的部分，受到父亲们的摆布；在第二种情况下，命令的关系不存在了，只存在一种互相提供必要帮助的、神圣不可侵犯的关系，以及一种对所受慈爱表示感恩的关系。某些法律所希望建立的那种错误的屈从关系，同人们内心的恶意一样，破坏着上述关系。

家庭法律和共和国原则之间的这些矛盾是造成家庭道德与公共道德之间其他矛盾的重要根源，它们在每个人的内心世界挑起一场无休止的纠纷。前者要求驯服和畏惧，后者提倡勇敢和自由；前者只限于为少数非自由选出的家长谋福利，后者则将福利普及于人的每一阶层；前者强制人们不断为一尊虚无的偶像作出牺牲，尽管这偶像被称为家庭利益，而某些家庭成员却往往毫不受益；后者则教人在不违法的条件下为自己谋利益，或者通过奖励那种准备行动的热忱激发

第 26 章
关于家庭精神

人们为祖国献身。这些矛盾使得人们厌于遵循美德,因为他们发现这些美德已陷入并混淆在实体和精神对象的昏暗所造成的迷离之中。当一个人回首往事时,他往往惊讶地感到自己曾是何等的荒唐!

随着社会的扩展,每个成员变成整体中越来越小的一部分。如果法律不注重增进共和国情感,这种情感将随之减退。社会,就像人的身体一样,也有自己的发展限度,超越了这些限度,必然会引起经济上的紊乱。看起来,一个国家的人口应该同该国家成员的敏感性成反比,如果二者同时增长,那么优秀法律所创造的财富就会变成预防犯罪中的障碍。一个过于广阔的共和国,除非划分并联合成许多加盟共和国,否则是避免不了专制主义的。但是,如何实现这一点呢?要靠一位具有西拉❶气魄的专制独裁者,他不但具备进行破坏的天才,也具备从事建设的天才。如果他是个野心家,他将赢得所有世纪的荣誉;如果他是一个哲学家,尽管他并非对人们的忘恩负义满不在乎,然而公民们的赞美将使他在失去自己的权威后得到安慰。

随着把我们同国家联系在一起的感情逐渐削弱,我们对周围事物的感情却在逐步增强。在最强大的专制统治下,友谊也是比较持久的,往往很普通的家庭道德就是最为普遍的、最好说是唯一的美德。由此,每个人都能发现:大部分立法者的视野是何等的有限呀!

---

❶ 西拉(Lucius Cornelius Silla,公元前138—公元前78年),罗马的将军和执政官。公元前83年发动内战,经过一系列血战终于取得政权,之后,他又以非凡的才能成功地在废墟上重建了国家。——译者注

第 27 章

刑罚的宽和

头脑中的畅想使我偏离了主题,我现在应当赶快回到正题上来。[1]

对于犯罪最强有力的约束力量不是刑罚的严酷性,而是刑罚的必定性,这种必定性要求司法官员谨守职责,法官铁面无私、严肃认真,而这一切只有在宽和法制的条件下才能成为有益的美德。即使刑罚是有节制的,它的确定性也比联系着一线不受处罚希望的可怕刑罚所造成的恐惧更令人印象深刻。因为,即便是最小的恶果,一旦成了确定的,就总令人心悸。然而,希望——这一天赐之物,往往会在我们心中取代一切,它常常使人想入非非,吝啬和软弱所经常容许的不受处罚,使它更加具有力量。

严峻的刑罚造成了这样一种局面:罪犯所面临的恶果越大,也就越敢于逃避刑罚。为了摆脱对一次罪行的刑罚,人们会犯下更多的罪行。刑罚最残酷的国家和年代往往就是行为最血腥、最不人道的国家和年代。因为支配立法者双手的残暴精神,恰恰也操纵着杀人者和刺客们的双手。在王位

---

[1] 这句话在"42 章版"中是没有的。——译者注

上，这种精神为恭顺的奴隶的凶残心灵制定了铁的法律；在阴暗的角落里，它却煽动人们绞杀这些暴君，并以新暴君取而代之。

人的心灵就像液体一样，总是顺应着它周围的事物，随着刑场变得日益残酷，这些心灵也变得越来越麻木了。生机勃勃的欲望力量使得轮刑❶在经历了百年残酷之后，其威慑力量只相当于从前的监禁。

只要刑罚的恶果大于犯罪所带来的好处，刑罚就可以收到它的效果。这种大于好处的恶果中应该包含的，一是刑罚的坚定性，二是犯罪既得利益的丧失。除此之外的一切都是多余的，因而也就是暴虐的。

人们只根据已领教的恶果的反复作用来节制自己，而不受未知恶果的影响。这里有两个国家，在与犯罪阶梯相对应的刑罚阶梯中，第一个国家的最重刑罚是长期苦役，而第二个国家的最重刑罚则是轮刑。我认为，在这两个国家中，对最重刑罚的畏惧是同等程度的。如果说根据某种理由，后一个国家的最重刑罚被移置于前一个国家，那么，同样的理由也会促使后一个国家制定更残酷的刑罚，从轮刑悄然发展到一些更加挖空心思的酷刑，直到那些残暴者所特别精通的学问取得最新的结晶。

刑罚的残酷性还会造成两个同预防犯罪的宗旨相违背的有害结果。第一，不容易使犯罪与刑罚之间保持实质的对

---

❶ 轮刑是一种把犯人绑在车轮上，然后再将车轮固定在一根木柱顶上，让犯人在这种被绑缚状态中慢慢死去的酷刑。——译者注

称关系。因为,无论暴政多么殚精竭虑地翻新刑罚的花样,但刑罚终究超越不了人类器官和感觉的限度。一旦达到这个极点,对于更有害和更凶残的犯罪,人们就找不出更重的刑罚以作为相应的预防手段。第二,严酷的刑罚会造成犯罪不受处罚的情况。人们无论是享受好处还是忍受恶果,都超越不了一定的限度。一种对人性来说是过分凶残的场面,只能是一种暂时的狂暴,绝不会成为稳定的法律体系。如果法律真的很残酷,那么它或者必须改变,或者导致犯罪不受处罚。

纵观历史,目睹由那些自命不凡、冷酷无情的智者所设计和实施的野蛮而无益的酷刑,谁能不触目惊心呢?目睹帮助少数人、欺压多数人的法律有意使或容忍成千上万的人陷于不幸,从而使他们绝望地返回到原始的自然状态,谁能不毛骨悚然呢?目睹某些具有同样感官,因而也具有同样欲望的人在戏弄狂热的群众,他们采用刻意设置的手续和漫长残酷的刑讯,指控不幸的人们犯有不可能的或可怕的愚昧所罗织的犯罪,或者仅仅因为人们忠实于自己的原则就把他们指为罪犯,谁能不浑身发抖呢?

第 27 章
刑罚的宽和

第 28 章

关 于 死 刑

滥施极刑从来没有使人改恶从善。这促使我去研究,在一个组织优良的管理体制中,死刑是否真的有益和公正。

人们可以凭借怎样的权利杀死自己的同类呢?这当然不是造就君权和法律的那种权利。君权和法律,它们仅仅是一份份少量私人自由的总和,它们代表的是作为个人利益结合体的普遍意志。然而,有谁愿意把对自己的生死予夺大权奉予别人操使呢?每个人在对自由作出最小牺牲时,怎么会把冠于一切财富之首的生命也搭进去呢?如果说这已成为事实的话,它同人无权自杀的原则怎么协调呢?要是他可以把这种权利交给他人或者交给整个社会,他岂不本来就应该有这种权利吗?

因而,死刑并不是一种权利,我已经证明这是不可能的;而是一场国家同一个公民的战争,因为,它认为消灭这个公民是必要的和有益的。然而,如果我要证明死刑既不是必要的也不是有益的,我就首先要为人道打赢官司。

只有根据两个理由,才可以把处死一个公民看做是必要的。第一个理由:某人在被剥夺自由之后仍然有某种联系和某种力量影响这个国家的安全;或者他的存在可能会在既定的政府体制中引起危险的动乱。再者，当一个国家正在恢复自由的时候，当一个国家的自由已经消失或者陷入无政府状态的时候，这时混乱取代了法律，因而处死某些公民就变得必要了。如果一个举国拥戴的政府，无论对内还是对外，都拥有力量和比力量更有效的舆论作保护，如果在那里发号施令的只是真正的君主，财富买来的只是享受而不是权势，那么，我看不出这个安宁的法律王国有什么必要去消灭一个公民，除非处死他是预防他人犯罪的根本的和唯一的防范手段。这是死刑据以被视为正义和必要刑罚的第二个理由。

历史上任何最新的酷刑都从未使决心侵犯社会的人们回心转意。莫斯科的伊丽莎白女皇❶统治的20年，为人民的父母官们树立了杰出的典范，同祖国的儿子们用鲜血换来的无数成果相比，这一典范毫不逊色。如果几百年的历史、这20年的统治和罗马公民的范例❷都说服不了那些怀疑理性语言、倾服权威语言的人，那么，考察一下人的本性，就足以听到我的主张的真谛。

对人类心灵发生较大影响的，不是刑罚的强烈性，而是刑罚的延续性。因为，最容易和最持久地触动我们感觉的，

---

❶ 伊丽莎白(1709—1761)，彼得大帝的女儿，1741年11月通过政变取得王位，成为俄国女皇。她曾于1753年6月18日和1754年9月30日发布命令废除死刑。——译者注

❷ 在罗马共和国时期，除指挥军事作战的百人团会议(Comitia Centuriata)有权对违犯军纪者处以死刑外，库里亚会议和部落会议均无权对犯罪公民适用死刑。——译者注

第28章
关于死刑

与其说是一种强烈而暂时的运动，不如说是一些细小而反复的印象。习惯是一种主宰着一切感知物的王权，一个人说话、走路、寻求生活需要，都离不开习惯的帮助；同样，道德观念只有通过持续和反复影响才会印入人的脑海。处死罪犯的场面尽管可怕，但只是暂时的，如果把罪犯变成劳役犯，让他用自己的劳苦来补偿他所侵犯的社会，那么，这种丧失自由的鉴戒则是长久的和痛苦的，这乃是制止犯罪的最强有力的手段。这种行之有效的约束经常提醒我们：如果我犯了这样的罪恶，也将陷入这漫长的苦难之中。因而，同人们总感到扑朔迷离的死亡观念相比，它更具有力量。

欲望促成人健忘，即使对一些最紧要的事物，这种健忘也是自然而然的，死刑所给予的印象是取代不了它的。一般规律是：狂暴的欲望只能暂时攫取人心，而不能持续下去，它适合像波斯人或古代斯巴达人那样去搞革命；然而，在一个自由而安宁的政府领导下，印象与其说应该是强烈的，不如说应该是经常的。

在大部分人眼里，死刑已变成了一场表演，而且，某些人对它怀有一种忿忿不平的怜悯感。占据观众思想的主要是这两种感情，而不是法律所希望唤起的那种健康的畏惧感。然而，有节制的和持续的刑罚则使这种畏惧感占据着统治地位，因为这种感情是唯一的。刑场与其说是为罪犯开设的，不如说是为观众开设的，当怜悯感开始在观众心中超越了其他情感时，立法者似乎就应当对刑罚的强度作出限制。

一种正确的刑罚，它的强度只要足以阻止人们犯罪就够了。没有哪个人经过权衡之后还会选择那条使自己彻底、永久丧失自由的道路,不管犯罪能给他带来多少好处。因而,取代死刑的终身苦役的强度足以改变任何决意的心灵。

另外,很多人以一种安详而坚定的表情对待死刑。其中,一些人是出于狂热;一些人是出于几乎一直伴随他走入坟墓的空虚;另一些人则是出于一种最后的绝望的试图:或者不活了❶,或者忍受不幸。但是,在桎梏的束缚中,在棍棒的奴役下,既没有狂热,也没有空虚,绝望也结束不了他所吞食的恶果,而是使他开始尝受这些恶果。

我们的精神往往更能抵御暴力和极端的但短暂的痛苦,却经受不住时间的消磨,忍耐不住缠绵的烦恼,因为,它可以暂时地自我收缩以抗拒暴力和短暂的痛苦。然而,这种强烈的伸缩性却不足以抗拒时间与烦恼的长期和反复的影响。

每次以死刑为国家树立鉴戒都需要一次犯罪,可是,有了终身苦役刑,只一次犯罪就为国家提供无数常存的鉴戒。如果说重要的是经常向人们显示法律的力量的话,死刑的适用就不应是间隔很长的,因而,就要求犯罪经常发生。这样,为了变得有用,死刑就必然要改变本来应该给予人们的那种印象,这就意味着,它要想是有用的,就应当同时是无用的。

有人说,终身苦役同死刑一样也是痛苦的,所以,它也同

---

❶ "42 章版"此处的意大利文表述是"vivere",删去了"47 章版"此处的"non",中文意思正相反,是"活下去"。——译者注

第 28 章
关于死刑

样是残酷的。我认为,如果把苦役的受苦时间加在一起,甚至是有过之而无不及。然而,这些苦难是平均分配予人的整个生活,而死刑却把它的力量集中于一时。苦役这种刑罚有一个好处,它使旁观者比受刑者更感到畏惧,因为,前者考虑的是受苦时间的总和,后者则分心于眼前的不幸而看不到将来。在前者的想象中,刑罚的恶果变得昭彰了;而后者却从他那麻木不仁的心灵中汲取旁观者所无法体验和理解的安慰。

我知道,发展自己的内心情感是一门依靠教育才能学到的艺术。然而,不能因为盗贼不能很好地解释自己的行为原则,就说这些原则不怎么起作用。瞧,很快我们就会看到那些只有绞刑或轮刑才能阻止其犯罪的盗贼和杀人犯所进行的推论了:

"我应该遵守的算是些什么法律呀!它在我和富人之间设置了一道鸿沟。富人对我一毛不拔,反倒找借口让我尝受他所没尝受过的痛苦。这是谁定的法律?是富人和权势者。他们对穷人阴陋的茅舍从来不屑一顾,他们眼看着儿童们在饥饿中哭嚎,妇女们在伤心落泪,却连一块发了霉的面包也不肯拿出来。我们要斩断这些给多数人造成灾难并为少数懒惰的暴君服务的绳索!我们要向这不平等的根源开战!我将重新恢复自然的独立状态,我将以自己的勇敢和辛勤获取一定时间的自由愉快的生活。也许痛苦和忏悔的一天会来临,但那是短暂的,在度过多年自由和享乐的生活之后,我会有那么一个烦恼之日。作为少数人之王,我将纠正命运的荒谬,将让那些暴君在被他们的奢侈侮辱得还不如他们的马和狗的人面前,面如土色,失魂落魄。"

就这样,一种信念充斥于那些忘乎所以的罪犯的头脑,它教给他去做一种简单的忏悔,并告诉他长时间的幸福是完全可能的。因而,大大减少了他对悲惨结局的恐惧。

但是,一个人如果发现他将在生活于自由之中的本国公民的眼下,在苦役和痛苦之中度过许多岁月甚至是整整一生,成为曾保护过他的法律的奴隶,那么,他将把这种结局同成败未卜的犯罪、同他可能享受到的暂时成果进行有益的比较。那些现在看来是因鼠目寸光而葬送了自己的教训所给予他的印象,比一种酷刑的场面要强烈得多。酷刑的场面给予人们的常常是一副铁石心肠,而不是教人悔过。

用死刑来向人们证明法律的严峻是没有益处的。如果说欲望和战争的要求纵容人类流血的话,那么,法律作为人们行为的约束者,看来不应该去扩大这种残暴的事例。随着人们用专门的研究和手续使越来越多的死亡合法化,这种事例就更加有害了。体现公共意志的法律憎恶并惩罚谋杀行为,而自己却在做这种事情;它阻止公民去做杀人犯,却安排一个公共的杀人者。我认为这是一种荒谬的现象。

真正的和最有益的法律是怎样的呢?那就是当一向到处声张的私人利益不再喧嚣或者同公共利益结合在一起时,所有人都情愿遵守和提出的契约和条件。每个人对死刑怀有何种感情呢?我们在每个人对刽子手所采取的仇视和鄙夷的态度中看到了这种感情。然而,这位刽子手也是公共意志的无辜执行者,是一位为公共利益服务的善良公民,同那些对外作战的无畏战士一样,他也是对内治安的必要工具。

第28章
关于死刑

那么,这一矛盾的根源何在呢?为什么人们的这种感情如此强烈,以致压倒了理性呢?因为,人们在心灵的最深处,在那个比其他任何部位都更多地保留着古老自然的原始状态的地方,总认为:自己的生命不受任何用其铁腕统治世界的人的支配,除非出现这种必要性。

聪明的司法官员和严厉的执法牧师泰然自若地用缓慢的仪式把犯人慢慢带向死亡;不幸者在痛苦的抽搐中等待着最后的致命一击;而法官却熟视无睹、漠然置之,或许还暗暗地对自己的权威感到得意,品味着生活的惬意和乐趣。人们看到这种情景会怎么想呢?他们将叹道:"咳,这些法律只不过是施加暴力的借口,煞费苦心、残酷横暴的司法手续只不过是为了更稳妥地把我们当做牺牲品奉祀给贪得无厌的暴政偶像而订立的协约用语罢了。"

"杀人被说成是一种可怕的滔天大罪,我们却看到有人在心安理得地实施它。这一事例使我们受益匪浅。过去,我们根据一些描述,把暴力致死看做一种可怕的场面,然而,现在我们却把它看做是一瞬间的事情。对于那些并不等待死亡,因而几乎尝不到死刑痛苦的人来说,这种事情就更不算什么了。"

这些就是那些打算犯罪的人清醒或者恍惚地作出的危险而有害的推理。正像我们所看到的,对他们更起作用的不是信仰本身,而是信仰的滥用。

如果有人反驳我说:对某些犯罪施用死刑已成为几乎所有世纪和国家的惯例,那么,我将答道:在不受时效约束的真理面前,这种惯例正在消泯。人类历史给我们的印象是:谬误好似无边的烟海,在这之上,漂浮着稀少的、混杂的、彼此远离的真理。用人做牺牲品是几乎所有国家的共同习惯,而谁敢因此而为这个习惯辩解呢?有少数一些社会,仅仅在短暂的时期内摈弃了死刑,这不是对我的观点的否定而是一种支持,因为这正符合伟大真理的命运。同笼罩着人类的漫长黑夜相比,这些真理的出现只不过是一次闪电。幸运的时代目前仍未到来,一旦这一时代来临,真理将像今天的谬误那样为大多数人所掌握。至今只有神明所提示并将其单独分离出来的那些真理,才不受这项普遍规律的支配。

同信守蒙昧习惯的众人发出的喧嚣相比,一个哲学家的呼声确实太微弱了。然而,那些分散在大地上的少数明智者,将在内心深处向我发出共鸣。如果说,真理可以逾越硬把它同君主隔开的重重障碍而登上王位的话,那么,它将懂得,正是这些明智者的秘密赞助才使它获得成功。它还知道:征服者的血腥名声将对这座王位不起作用,而公正的后代将让它在泰塔斯、安东尼和图拉真❶的和平战利品中占据首位。

倡导和平的美德,倡导科学和艺术的君主是人民的父亲,是加冕的公民,他们权力的增加就是臣民的幸福,因为,他们的权力削弱了那些因不可靠而变得残酷的专制中介。我们看到这些君主正坐在欧洲的一些王位上,如果他们第一

---

❶ 泰塔斯(Titus),79—81年罗马帝国皇帝;安东尼(Antoninus Pius),138—161年罗马帝国皇帝;图拉真(Traianus),98—117年罗马帝国皇帝。他们的统治使罗马帝国进入鼎盛时期,出现了"罗马的和平"。他们均被史学家誉为"贤明的皇帝"。——译者注

第 28 章
关于死刑

次颁布法律，人类该多么幸福啊！人民的真诚愿望如能上达君主，往往是一种吉祥，而那些专制的中介却将它们扼杀。这些君主之所以让一些古老的法律继续存在，是因为从谬误身上剥下多少世纪以来一直受人尊敬的锈衣的确非常困难，而明智的公民正是因此才主张以更大的热情继续提高这些君主的权威。

第 29 章

关于逮捕

就社会自身的安全来说,同样违背其宗旨的一个错误是:允许执行法律的官员任意监禁公民,允许他根据微不足道的借口剥夺某个私敌的自由,或者无视最明显的犯罪嫌疑,使他的朋友不受处罚。

监禁是一种特殊的刑罚,它需要在宣布犯罪之前执行。但是,这一明显特点并不使它失去另一基本点,即只有法律才能确定一个人在什么情况下应受刑罚。因而,法律应指出:应根据哪些嫌疑而羁押罪犯,强制他接受审查和刑罚。公开的传闻、逃跑、法庭外的供认、同伙的供述、对侵害目标的威胁和长期仇视、犯罪的物证等类似犯罪迹象,都足以成为逮捕某个公民的证据。但是,这些证据应该由法律来确定,而不是由法官来确定。当法官的决定不是对公共法典中基本准则的具体表述时,就是侵犯政治自由。

随着刑罚变得宽和,随着监所中消除了凄苦和饥饿,随着怜悯和人道吹进牢门并支配那些铁石心肠的执法吏,法律将心安理得地根据越来越弱的嫌疑决定逮捕。

一个被控犯了罪的人,经监禁而被无罪开释后,不应背上什么耻辱的名声。多少被指控犯有极严重罪行的罗马人,在被证明无罪之后,受到人民的尊重,并登上了光荣的职位!但是,在我们这个时代,为什么一个无辜者的结局竟如此不同呢?因为在一些人的眼里,目前刑事制度中的强力和权威的观念似乎比公正的观念更重要。因为受控告者和已决犯被不加区别地关在同一个秘密监狱里;因为监狱与其说是对罪犯的看守所,不如说是一个刑场;因为对内维护法律的力量与对外保卫主权和国家的力量,本应相互统一,却相互分离了。前者本应依靠法律的共同支持与判断力结合起来,而不是依靠那种直接的权威。一支威武雄壮的军队所赢得的荣耀本可以消除耻辱感,同其他民间感情一样,与耻辱感联系较紧的是逮捕的方式而不是该事物本身。事实上人们公认:军事监禁并不像法庭监禁那样声名狼藉。一个多世纪以来,在民众、习俗和法律中仍保留着有辱国家现代文明的东西,仍保留着我们北方狩猎祖先的一些野蛮的痕迹和粗暴的观念。

有人主张:无论人们在哪里犯了罪,即实施触犯法律的行为,他都可以受到刑罚。似乎臣民的属性是一成不变的,也就是说,无异于奴隶的属性,甚至比它更糟糕。似乎居住在某国度的公民可以是另一国度统治的臣民,他的行为可以毫无矛盾地受到两个往往互相矛盾的君主和法典的支配。

有人认为:在君士坦丁堡犯下的凶残行为,可以在巴黎受到惩罚。其抽象理由是:谁侵犯了人类,谁就应受到整个人类的敌视和普遍的痛恨。似乎法官是凭借着人的感觉复仇,而不是依据约束着他们的契约复仇。

刑罚的地点就是犯罪的地点,因为,人们仅仅是为了那个地点的公共安全才被迫去侵犯某个人。如果某个罪犯对其他社会的契约并没有造成破坏,那么他可以受到该社会最高力量的威吓、驱逐和排斥,却不能受到以法律手续作出的惩罚。法律只是社会契约的复仇者,而不是行为内在恶意的复仇者。

对那些罪行较轻的罪犯科处的刑罚通常是:或者将其关进黑暗牢房,或者发配到遥远的地方,为一些他未曾侵害过的国家充当鉴戒,去服几乎无益的苦役。如果人们并不孤注一掷地去犯严重罪行,那么,公开惩罚重大犯罪的刑罚将被大部分人看做是与己无关的和不可能对自己发生的。相反,公开惩罚那些容易打动人心的较轻犯罪的刑罚则具有这样一种作用:它在阻止人们进行较轻犯罪的同时,更使他们不可能去进行重大的犯罪。所以,刑罚不但应该从强度上与犯罪相对称,也应从实施刑罚的方式上与犯罪相对称。

有些人免受刑罚是因为受害者方面对于轻微犯罪表示宽大为怀,这种做法是符合仁慈和人道的,但却是违背公共福利的。受害的公民个人可以宽免侵害者的赔偿,然而他难道也可以通过他的宽恕取消必要的惩戒吗?!使罪犯受到惩罚的权力并不属于某个人,而属于全体公民,或属于君主。某个人只能放弃他那份权利,但不能取消他人的权利。

第29章
关于逮捕

第 30 章

程序和时效

对犯罪进行查证并对其确定性作出计算之后,需要为犯人提供一定的时间和适当的方式为自己辩护。但是我们知道,刑罚的及时性是制止犯罪的重要手段之一,为了不影响刑罚的及时性,给犯人的辩护时间应是短暂的。曲解了人道主义的人反对限制辩护时间,实际上法制上的任何缺陷都会增加造成冤狱的危险。如果想到这一点,一切疑虑都会消失。

但是,法律应该为犯人的辩护和查证犯罪确定一定的时间范围。如果应当由法官为查证犯罪确定所需的时间,那么,法官就会变成立法者。

对于长期印在人们脑海中的凶残犯罪,只要事实确凿,就没有必要为在逃犯规定任何时效。对于那些较轻的和隐秘的犯罪,则应当通过时效消除公民对自己命运的忧虑,因为,某些犯罪所具有的长期不被发现的隐秘性,并不说明犯罪不受处罚,甚至还为罪犯保留着弃旧图新的权利。

我只能提纲挈领地讲讲,因为只能根据具体的法制和一个社会的具体环境来规定确切的时间。我要补充的只是:如果说一个国家的宽和刑罚已经显示了优越性的话,法律根据犯罪的轻重程度缩短或延长时效时间及查证时间,使自我监禁和自行流放也成为刑罚的一部分,这将有助于用少量容易抵用的宽和刑罚处置大量的犯罪。

但是,犯罪的可能性同犯罪的凶残性是成反比例的,因而,查证的时间和时效的时间并不能完全根据犯罪的凶残性而延长,审查的时间应该缩短,时效的时间则应该延长。这里似乎出现了一种同我上面观点相违背的矛盾:既然判决前的监禁或时效是一种刑罚,那么不同的犯罪就可能受到相同的处罚。

为了向读者解释我的观点,我把犯罪分为两类:第一类包括杀人罪等一切罪大恶极的凶残犯罪;第二类就是那些较轻的犯罪。这种区分的根据就是人类的本性。自己生命的安全是一种自然权利。❶ 财产安全是一种社会权利。往往有较多的动力促使人们为了满足贪求幸福的天然本性,侵犯他们在社会公约中而不是心灵中发现的权利。与此相比,促使人们超越内心的自然怜悯感的动力则大大减少。这两种相差悬殊的犯罪可能性决定了不同的制约原则。对于罕见的凶残犯罪,应该根据犯人无辜可能性的增长,缩短审查的时间,然而时效的时间则应该延长。因为,只有有罪或无罪的最终判决才能消除犯罪不受处罚的诱惑,而犯罪越是凶残,这种诱惑的危害性就越大。相反,对于较轻的犯罪,随着

---

❶ 在"42章版"中,没有"自己生命的安全是一种自然权利"一句。——译者注

第 30 章
程序和时效

犯人无辜可能性的减小，应该增加审查的时间❶；并且随着犯罪不受处罚的危害性的减少❷，缩短时效的时间。如果说犯罪的可能性增加多少，不受处罚的危害就降低多少的话，人们本不会同意把犯罪区分为这样两类。请注意：一个没有确定有罪还是无罪的被告人，尽管因证据不足而被释放，然而，只要为其犯罪所规定的时效时间还没有过，一旦又暴露出法律所列举的罪迹，他就可以因原罪行而重新遭受逮捕和审查。我认为，这种折中起码可以既保障臣民的安全，又保障他们的自由，因为这二者特别容易以牺牲一方来保护另一方，以致这两项每个公民所不可转让的平等的财富，既避免不了公开或隐蔽的专制主义的侵害，又摆脱不了混乱的群众无政府主义的劫数。

---

❶ 在"42章版"中，"esame"（审查）一词被换成"impunita"（不受处罚）一词。——译者注
❷ 在"42章版"中也没有这一短语。——译者注

第 31 章

难以证明的犯罪

鉴于这样一些原则,有些人会感到惊奇:为什么那些凶残的、隐蔽的或者虚幻的犯罪,即不可能性比较大的犯罪,竟能由臆断和一些最不确实、最模棱两可的证据来证实呢?难道法律和法官所唯一关心的只是证实犯罪,而不是查寻真相吗?难道当无罪的可能性超过有罪的可能性时,不是更容易冤枉一个无辜者吗?对此表示惊奇的人恰恰没有考虑到:这些国家的立法者几乎从来不是理性的。

对于大部分人来说,都缺乏实行重大犯罪所必需的气魄,就像缺乏表现伟大美德所必需的气魄一样。有些国家往往依靠政府的活动和与公共福利相结合的私欲维持自己的统治,而不去依靠自己的群众,或依靠法律稳定性的恩惠。在那里,被削弱的私欲好像更适合维护而不是改善政府的体制。看来,在这些国家中,重大的犯罪和伟大的美德将并驾齐驱。由此得出一个重要的结论:重大的犯罪并不总预示着一个国家的堕落。

有这样一些犯罪:它们在社会上既是常见的,同时又是难以证实的,举证的困难性带来了无辜的可能性。这些犯罪的常发性并不取决于不受处罚的危险,而取决于另外的原则,因而,不受处罚的危害也就不那么重要了。对于这些犯罪,审查和时效的时间都应同样缩短。然而,根据流行的成规,对于通奸、同性恋(greca libidine)这样一些难以证实的犯罪,是允许进行专断地推定的,即所谓准证实、半证实,好像一个人可以是半个罪犯,或半个无辜者,也就是说一半可受罚,一半可开释。在这些地方,对于被告人,对于证人,以致对于不幸者的全家所进行的刑讯,行使着它残暴的王权,这就是那些冷酷偏激的学者教给法官们的法律和规章。

从政治观点来看,通奸这种犯罪行为之所以具有自己的力量和方向,正是基于以下两个原因:一是人间的法律变化无常;二是异性之间极其强烈地相互吸引。

异性的吸引力,在很多情况下,就像是宇宙的重心力,因为,这两种力都随着距离的拉开而减弱。如果说,一个是在改造一切物体运动的话,那么,另一个则在持续期间改造一切精神运动。只有在下述情况中,它们才截然不同:重心力和阻力可以平衡相处,而异性吸引力则往往随着阻力的增长变得更加强烈和旺盛。❶

如果我是在尚未迎来宗教光明的国度就此发言的话,那么,还需要补充通奸罪与其他犯罪之间的另一个显著差别:通奸是由人们过分地追逐某种需求所引起的,这种需求是先天的,它对于整个人类都是普遍的和永恒的,它甚至是社会的奠基石。其他破坏社会的犯罪则不是产生于自然的需求,而是取决于一时的欲望。

---

❶ 在"42章版"中,这一段被作为注释放在第36章末尾。——译者注

在熟悉历史和人类的人看来,上述需求在相同的气候条件下,保持着一个稳定的恒量。如若真是这样的话,那些竭力裁减总需求量的法律和习俗就是无益的,甚至是有害的,因为,这样做的结果是使自己的一部分需求同他人的一部分需求发生重叠。明智的法律则是因势利导,将欲望的洪流分别输入很多同等的小河道,从而使哪里也不会出现干涸或泛滥。婚姻的忠诚程度往往取决于婚姻的次数及其自由程度。在一些地方,世袭的偏见维系着婚姻关系,家庭的权威使人结合和分离;在那里,脉脉秋波悄悄地切断了婚姻关系,而世俗道德对此也无能为力,它谅解事情的缘由,它的职责只是谴责这种结果。然而,生活在真正的宗教之中的人们,具有较为崇高的动力以克制自然本性的力量,对于他们无须考虑这些。这种犯罪行为是如此的突然和奇特,它蒙着法律为其戴上的面罩(这种面罩是必需的,但又是脆薄的,它未能使该事物受到贬斥,反而抬高了其身价);犯通奸罪是那样的便利,而结论又是那样的含糊,以致立法者只能预防它,却难以纠正它。对于任何从本质上讲往往可以不受惩罚的犯罪来说,刑罚变成了一种刺激,这是一条普遍的规律。困难这东西,只要它不是不可克服的或者还不是每个人的精神惰性所不堪忍受的,它就会更强烈地激发起想象力,并放大目标,因为,困难好像同样能阻止那种脱离目标的想入非非,迫使想象力权衡一切关系,更紧密地追随我们心灵最自然向往的美好图景,而不去想象我们的心灵所躲避的、痛苦的不祥结局。这就是我们想象力的属性。

　　同性恋(attica venere)是受法律严厉惩罚的,人们也容

第 31 章
难以证明的犯罪

易因此而遭受那种征服无辜者的折磨,它的基础是社会性的并受奴役的人所具有的欲望,而不是独立自由者的需求。这种犯罪主要不是从对享乐的厌倦中获得力量,而是从在炽热青春汇聚处❶所进行的教育中获得力量;这种教育为了使一部分人对另一部分人有用,就使这部分人对自己成为无用的,在那里,有一座任何交往都不可逾越的堤坝,蓬勃发展的自然活力以对人类毫无益处的方式消耗着自己,进而提前进入衰老。

一个屈服于自己的软弱或者经受不住暴力打击的人,会陷入一种不可避免的矛盾,溺婴罪同样是这一矛盾的结果。当人们面临或者蒙受耻辱或者杀死一个还不能感知灾难的生命这一抉择时,怎么会不选择后者,而选择那条必将使她自己和她不幸的婴儿遭受痛苦的道路呢?防止这种犯罪的最好办法就是:用有效的法律保护弱者免遭暴政的侵害,暴政总爱对那些不可能由美德的龙袍加以掩饰的过错吹毛求疵。

我并不希望减少对上述犯罪所应当施加的正当威慑。然而,当我指出它们的根源时,坚信能从中得出一个普遍的结论:只要法律还没有采取在一个国家现有条件下尽量完善的措施去防范某一犯罪,那么,对该犯罪行为的刑罚就不能说是完全正义的(即必要的)。

---

❶ 贝卡里亚在这里暗指的是修道院、军营等与正常社会生活隔绝的地方。——译者注

第 32 章

自 杀

自杀看来是一种不能接受真正意义上的刑罚的犯罪,因为,对自杀者的刑罚只能落在一些无辜者身上,或落在一具冰冷的失去感觉的尸体上。如果说后一种情况就像鞭笞一尊塑像一样,对活人不起任何作用的话,前一种情况就是非正义的和暴虐的,因为,人的政治自由必然要求刑罚纯粹是针对个人的。

人类特别热爱生活,他们周围的一切都使他们加强着这种爱。想入非非的欢乐和希望是一种极为甜蜜的圈套,它对于凡人的诱惑力太大了,以致使他们为此而大口大口地吞咽沾着很少一点甜汁的苦果。为什么要担心对自杀者必然不予处罚会对人们造成什么影响呢?害怕痛苦的人都遵守法律,但是,死亡却消除了人体内一切产生痛苦的源泉。因而有什么力量能使自杀者停下他那绝望的双手呢?

任何自杀者给社会带来的害处,同永远脱离该国领域的人所造成的恶果相比要小一些。因为,自杀者把自己的财产全部留下,而后者却带走了 部分。如果说社会的力量取决于公民的数量,后者这种抛弃祖国、委身邻国的行为,同简单地以死来摆脱社会的行为相比,则加倍地损害了社会。这样,剩下的问题就只是去了解:为每个社会成员保留长期缺席的自由,对国家有利还是有害?

任何一条法律,如果它没有能力保卫自己,或者社会环境实际上使它毫无根基,那它就不应当被颁布。舆论是人心的主宰者,它只接受立法者所施加的间接的和缓慢的影响,却抗拒对它直接的侵犯。因而,一些无用的法律一旦受到人们的蔑视,将使一些还比较有价值的法律也因而被贬低,并被人视为必须逾越的障碍,而不是公共利益的保存者。

正像我所讲过的那样,我们的感情是有限的,人们越是尊重法律以外的事物,他们留给法律本身的尊重就越少。根据这个原则,明智的公共幸福的分配者可以得出很多有益的结论,一一加以阐述会使我离题太远。这里,我只论证一下把一个国家变成一座监狱的害处。这样的法律是毫无益处的,因为,除非不可接近的岩礁和无法航行的海域将一个国家与世隔绝,否则它怎么能封锁住自己的整个边界,怎么能使自己的看守万无一失呢?

一个带走全部财产的人,从完成这一行为起就不可能受到惩罚了。这种犯罪行为一旦实施,就不再可能对它处罚。事先的惩罚就是惩罚人的意志而不是他的行为,就是在对意向——这个独立于人类法律王国的、人身上最自由的东西发号施令。通过没收留下的财产来惩罚缺席者,将导致简单的和难以避免的暗中作弊,不严格限制契约自由,就不可能消除这种作弊,此外,这还会妨碍国与国之间的一切贸易。如果在流亡者回国后对他施以刑罚,就等于阻止人们弥补已给社会带来的损失,让他们永久地缺席下去。禁止国民出国,将使国民离去的愿望增强,并警告外国人不要进来。

有的政府除了借助恐吓外,再没有其他办法留住那些由于童年时代的最初印象而自然地热爱祖国的人。我们由此应想到些什么呢?使公民扎根于祖国的最可靠方法就是提高同他们每个人密切相关的福利。就像应当竭尽全力促使贸易收支有利于我们自己一样,君主和国家也应当想尽办法使福利程度成为周围国家所无与伦比的。随着一个国家的进步,不平等也在增长,发展奢侈享乐是弥补这种不平等的必要措施,否则财富就可能凝结在个别人手里。但是,奢侈享乐并不是国家福利的主要成分。

如果一个国家的疆土大幅度扩展,而人口却不怎么增长,奢侈就会助长专制主义。因为,人口越稀少,产业就越薄弱;产业越薄弱,贫困就越依赖奢侈的铺张,被压迫者就越难以团结成令人生畏的力量反抗压迫者。还因为,使强者与弱者之间距离更加明显的崇拜、官职、等级和恭顺,更容易被少数人而不是多数人所获取;人的数量越多,就越少受到监督,越少受到监督,人的数量就增加得越多。但是,在那些人口大幅度增长,而疆土却不怎么扩展的地方,奢侈是专制主义的障碍,因为它激发产业活动和人们的积极性,而且需求为富人提供极多的享乐和舒适,这样才能使赢得较多的依从舆论的排场发挥最大作用。由此人们可以发现:在一些地域广阔、力量薄弱、人口稀少的国家,如果没有其他因素从中作梗的话,排场的奢侈比享乐的奢侈更占优势;而在那些人口稠

第32章
自杀

密、地域有限的国家,享乐的奢侈往往使排场的奢侈减少。❶

奢侈享乐的交易和流转具有不利因素,虽然它对很多人是帮助,但是,它始于少数人,并结束于少数人,多数人只尝到极少一点滋味,因而,它消灭不了那种产生于对比而不是产生于实际的贫困感。但是,安全和只受法律制约的自由是这种福利的基础,只有依靠它们,奢侈享乐才能造福于人民,失去了这一基础,奢侈享乐就变成了暴政的工具。慷慨的野兽和极自由的鸟儿远遁于荒野僻林,它们把最肥沃和最宜人的地域委弃给狩猎者。同样,当暴政分配奢侈享乐时,人们也会回避它们。

事实证明:那种把臣民禁锢在自己国家之中的法律是无益的和非正义的。惩罚自杀者也同样如此,其原因在于,尽管自杀是一种应由上帝惩罚的罪过,因为只有上帝能在人死后实施惩罚,然而,自杀毕竟不是针对他人的犯罪,而且对它的刑罚不是落在罪犯身上,而是落在其家庭成员身上。如果有人反驳我说:这种刑罚至少可以使自杀者悬崖勒马,我将答辩道:一个对生存深恶痛绝,以至宁愿不幸终身的人,当他从容自如地抛弃生命这一财富的时候,根本不会被关于子女和亲属的那些更为遥远而且更为无效的顾虑所打动。

---

❶ 在"42章版"中,这一段被作为注释放在第35章末尾。——译者注

第 33 章

走　私

走私是地地道道的侵犯君主和国家的犯罪。但是对走私罪不应施用耻辱性刑罚,因为走私者在犯罪后没有引起公共舆论对他的羞辱。谁对并不受到人们唾弃的犯罪处以耻辱刑,谁就是在削弱因那些真正遭到唾弃的犯罪而产生的耻辱感。❶

无论谁一旦看到,对打死一只山鸡、杀死一个人或者伪造一份重要文件的行为同样适用死刑,将不再对这些罪行作任何区分;道德情感就这样遭到破坏。这种情感是无数世纪和鲜血的成果,它们极为艰难、缓慢地在人类心灵中形成;为培养这种感情,人们认为还必须借助最高尚的动力和大量威严的程式。

走私罪也是法律自身的产物。因为关税越高,渔利也就越多。随着警戒范围的扩大,随着违禁商品体积的缩小,人们更热衷于尝试走私,实施这种犯罪也更加便利。没收违禁品和随行财物,这是对走私者极为公正的刑罚。然而,关税越低,这一刑罚就越有效,因为,如果人们侥幸获取的利益同

---

❶ 这后一句话,在"42章版"中是没有的。——译者注

他们所冒的风险不成比例,人们就不会铤而走险。

既然走私活动是对君主因而也是对国家的盗窃活动,为什么它从来没有使作案者声名狼藉呢?我认为答案在于:当某种犯罪在人们看来不可能对自己造成损害时,它的影响就不足以激发起对作案者的公共义愤。走私罪就是如此。与己无关的后果只给人留下一些极淡薄的印象,因而人们看不出走私对自己有什么损害,甚至还经常从中受惠。人们只看到给君主造成的损害,所以也就不像对待盗窃私人财物、伪造笔迹和其他一些他们可能遇到的坏事那样,重视取消对走私者的敬重。每个感知物都只注意他所认识到的危害,这是一条显而易见的规律。

但是,应该让那些无财产可丧失的走私犯不受处罚吗?不能。一些走私活动牵涉到纳税——它是优秀法制中如此重要和困难的部分——的本质,以致应对这样的犯罪处以引人注目的刑罚,直至监禁和苦役,不过,这种监禁和苦役应同犯罪的性质相符合。比如说,对于烟草走私犯的监禁就不应同对刺客和盗贼的监禁一样。让走私者劳动,应仅限于使他们为所意图欺骗的国库尝受痛苦和劳役,这最符合刑罚的本质。

第 34 章

关于债务人

信守契约,保障贸易,这两条原则迫使立法者用破产的债务人的人身向债权人担保。然而,我认为重要的是把故意破产者同无辜破产者加以区别。既然伪造作为债的质押品的铸币与伪造债本身均为同等程度的犯罪,因此,故意破产者应受到同样适用于伪造货币罪的刑罚。

但是无辜破产者经过严格审查以后,如果向法官证明使他丧失财产的原因是他人的作恶或不仁,或是人的谨慎所无法避免的不测风云,难道还应根据什么野蛮的理由将他投入监狱吗?难道应该剥夺他唯一的可怜财产——赤贫的自由,而让他去体尝罪犯的痛苦生活吗?难道应该让那些安分守己地生活在法律保护之下的人,由于无力控制自己不触犯法律而绝望含冤地忏悔自己的无辜吗?强者订立这种法律是出于贪婪的欲望,弱者忍受这些法律是出于一种常常闪现在人类心中的希望,这种希望使我们相信,灾难属于他人,自己则总是顺利。尽管实现法律的宽和化对于每个受到严酷法律制约的人都是有益的,然而,一些完全沉湎于最基本感情的人却仍然爱好严酷的法律,因为他们担心受到侵犯的心情比实施侵犯的愿望更为强烈。

让我们再回来谈谈无辜破产者。如果说只要破产者未将债务完全清偿,他的义务就推卸不掉的话,如果说未经有关当事人同意,破产者便不能摆脱债权人的控制,而且不能将本来应该在刑罚的强迫下付出的、重使他得以清偿债务的劳苦转移到其他法律保护之下的话,难道还有什么合法的借口能像保障贸易安全和神圣的财产所有权那样,为无益地剥夺自由权作辩解吗?除非需用苦役的恶果暴露假无辜破产者的秘密。然而在经过严格审查之后,这种情况是极其罕见的。

一事物在政治上造成的麻烦同它的社会危害性成正比,同它的不可实现性成反比。我认为这是一条立法准则。

看来,应该区别对待故意、严重过失、轻微过失和完全无辜这四种情况。对于故意者,应按伪造罪论处;对于严重过失者,应处以较此稍轻的刑罚,但要剥夺其自由;对于完全无辜者,应为其保留选择恢复元气的方法的权利;而对于轻微过失者,则应剥夺这一权利,并把它让给债权人。但是,应该由铁面无私的法律来区别这种轻重过失,而不能靠法官作危险武断的权衡。在政治上,为了计量公共利益而确定一些限度是必要的,就像在数学中为了计算数量而需要确定一些限度一样。[注]

具有先见之明的立法者,本来能够多么轻而易举地防止大量过失破产,并帮助辛勤的无辜者摆脱不幸啊!公开和明确地记载一切契约,并让所有公民自由地查询这些编排良好的契约文件;明智地向兴隆的买卖募捐,用来建立一所公共银行,以便及时地向那些应受谅解的不幸成员提供救济资金。这些措施实际上是有百利而无一害的。只要立法者点点头,这些简单的、易行的、伟大的法律就可以给国家带来繁荣和强盛,就可以使立法者领受不尽世世代代感恩者的赞美,然而,它们却不大被人所认识或者不大被人所盼望。精神上不安和脆弱,对现实谨小慎微,在新事物面前不越雷池一步,这一切完全统治了碌碌无为的庸人的感情。

[注] 贸易和财产所有权并不是社会契约的目标,但是它们可以是实现目标的手段。使所有社会成员受到恶果的威胁并为此而设计大量的组合,会使目标依从于手段。在一切学科中,这都是荒谬的,尤其是在政治学中。在前几版中,我曾陷入过这种谬误,当时我写道:无辜的破产者应当被看管起来,以作为其债务的质物,或者为债权人奴隶般地从事劳动。我对自己所写下的这些感到惭愧。我曾被指控为不虔诚者和作乱者,这类指责都是不合情理的。然而,当我侵害了人类权利的时候,却没有受到任何谴责!——贝卡里亚

第 34 章
关于债务人

第 35 章

庇　　护

我再谈谈另外两个需要探讨的问题。第一,庇护是否正义？国家之间达成相互遣返罪犯的协约是否有益？

在一个国家的疆界以内,不应当有任何一块土地独立于法律之外。法律的力量应该形影不离地跟踪着每一个公民。不受处罚和庇护没有多少差别。既然刑罚的印象主要在于肯定躲避不了它,而不在于它的强度,庇护则往往是提倡犯罪,它使刑罚赶不走犯罪。庇护权的泛滥造成了小君权的泛滥,因为在那些公共法律失去权威的地方,人们就可能制定另一些违背公共利益的法律,形成同社会整体精神相抵触的精神。整个历史表明：庇护在国家和舆论当中造成过巨大的动乱。

无论怎么劝说我相信：不让真正的犯罪找到任何安身之地,这是防范犯罪的极有效的措施,然而,只要最符合人类要求的法律以及最为宽和的刑罚在摆脱了擅断和见解之后还未使受压迫的无辜者和受鄙薄的美德获得保护,只要那种将君主利益同臣民利益日益联系在一起的一般理性还没有将暴政完全隔绝在广阔的亚洲平原,那么,对于国家之间互相遣返罪犯是否有益这一问题,我可不敢作出结论。

第 36 章

悬　　赏

需要探讨的另一个问题是：以悬赏的方式买取被认为是罪犯的人的头颅，并使每个公民都成为高挽袖口的刽子手，这是否有益呢？

罪犯有时逃离国界以外，有时留在国界以内。在第一种情况下，君主悬赏就是在鼓励公民犯罪，把他们送上刑场，因为，这样做损害并僭越了他人的统治，并以此种方式认可其他国家对他采取同样的做法。在第二种情况下，悬赏暴露了君主自身的软弱。有力量保卫自己的人是不寻求这种交易的。

此外，这种法令亵渎了一切稍有风吹草动就会从人心灵中销声匿迹的道德观念。有些法律时而倡导背叛，时而惩罚背叛。立法者用一只手束紧家庭、亲戚和朋友间的关系，另一只手却悬赏破坏和扯断这些关系的人。一向自相矛盾的立法者，一方面把人猜疑的心灵引向信任，另一方面却在大家心中挑拨离间。它不是在预防犯罪，相反，倒是在增加犯罪。这是软弱国家的招数，在那里，法律只不过是对一座分崩离析的大厦所做的临时修补。

随着一个国家日益走向光明，忠实和相互信任也变得日益必要,并日益趋向于同真正的政治结合在一起。阴谋、诡计、阴暗间接的手段往往被法律所预防,大家的敏感性抵消了个人的敏感性。在蒙昧世纪中,公共道德要求人们屈从于私人道德,文明世纪应以此为鉴。然而,那些奖赏背叛、煽动地下战争,并在公民中制造相互猜疑的法律,同这种政治与道德的必然结合是背道而驰的,而只有依靠这种结合,人民才能享受幸福,国家才能获得和平,世界才能摆脱笼罩着它的不幸,进入长期的安宁和休憩。

第 37 章

犯意，共犯，不予处罚

法律不惩罚意向，但这并不是说，当罪犯刚开始以某些行动表露出实施犯罪的意向时不值得处以刑罚，即便是一种比实施该犯罪所受的要轻的刑罚。为了制止犯意，需要借助刑罚。但是对犯意的刑罚与对已遂犯罪的刑罚之间可以有一个区别，这样，针对已遂犯罪的较重刑罚就可以促使人们悔罪。

如某一犯罪中有共犯多人，但并不都是犯罪的直接实施者，对他们的刑罚也可以有区别，然而，道理则不同。当很多人去共同冒险的时候，所冒的危险越大，他们就越希望平均地承担它，因而，也就越难找出一个甘愿比其他同伙冒更大风险的实施者。只有当为那个实施者规定了一份酬劳时，才会出现例外。既然他获得了一份对他较大冒险的报酬，对他的刑罚也应当相应增加。这些观点在一些人看来太形而上学了，而他们却没有考虑到一条极为重要的原则：法律应尽少促成犯罪同伙之间可能的团结。

有些法庭对犯有严重罪行的罪犯，只要他揭发同伙，就不予处罚。这种办法有弊也有利。所谓"**弊**"，就是国家认可了连罪犯都很憎恶的背叛行为。同勇敢的罪犯相比，卑下的罪犯对一个国家更为有害。因为,勇敢并不是多见的,只要有一种慈善的力量做引导,就能使罪犯为公共福利服务;而怯懦则是比较普遍的、流行的,并总是专门为己的。此外,法庭也暴露出了自己的动摇,暴露出法律如此软弱,以致需要恳求侵犯自己的人提供帮助。

所谓"利",就是它能预防重大的犯罪。如果这些犯罪造成了重大影响,而案犯却销声匿迹,人民将为之惊恐不安。同时,这还有助于表明:对法律,即对公众欠忠的人,对私人也可能欠忠。我认为:制定一项普遍的法律容许对任何揭露了同伙的罪犯不予处罚,同在个别情况下作出特别宣告相比较,要更可取一些。这样做会使罪犯互相担心自己被暴露,从而防止他们团结起来。有了这种法律,法庭可以不使那些在个别情况下被要求向法庭提供帮助的恶棍嚣张起来。这种法律应该在规定不受处罚的同时也规定驱逐密告者……但是,当我赞同作为公共信任的碑石和人类道德的基础的神圣法律认可背叛和虚伪时,为消除我所感到的内疚而自我折磨是徒劳的。如果不实行法律所许诺的不予处罚,如果根据那些学究式的强词夺理,不顾公共信义,硬把服从法律要求的人拖上刑场,这会给国家树立什么样的榜样呢?

在一些国家中,这类事例并不少见,因为在那里,有不少人把国家仅仅看做一架复杂的机器,最精明、最强大的人以他们的天才为工具来开动它。这些人对陶冶温柔高尚的精神处之漠然,却把人的心灵当做乐器来弹拨,当他们发现某些最珍贵的感情和最强烈的欲望有利于自己的目标时,便会用其稳健的精明去激发这些感情和欲望。

第 38 章

提示性讯问，口供

我们的法律禁止在诉讼中进行提示性讯问。所谓提示性讯问，在学者们看来，其含义就是：当应该就犯罪情形进行泛指的讯问时，进行特指的讯问，也就是说，讯问直接针对犯罪，提示犯罪作出直接的回答。

在犯罪学家看来，讯问应该是盘旋式地围绕事件，而不是直接地就事件交锋。采取这种方式，或许是为了不提示罪犯作出使他直接面临控告的回答；或许是因为犯人不经周折就认罪，似乎违背了他的本性。然而，不管理由怎样，那些既保持这一习惯又许可刑讯的法律都具有明显的矛盾：难道还有什么样的讯问能比施加痛苦的刑讯更富有提示性吗？刚才提到的第一个理由在刑讯中出现，因为痛苦将提示强壮者坚持沉默，以便使较重的刑罚换为较轻的刑罚；并提示软弱者作出交代，以便从比未来痛苦更具有效力的现时折磨中解脱出来。第二个理由显然也同样出现，因为，如果说特指讯问使罪犯作出违反自然法则的交代，痛苦就更容易造成这种情况。但是，人们往往拘泥于事物名称上的差异，却忽视其本身的异同。

一些滥用的概念往往对人类事务产生着不小的影响，最明显的例子就是：使已决犯的口供变得毫无效力的概念，即亚里士多德学派的法学家们所讲的"民事死亡人"。要知道，死亡人是没有任何行为能力的。为维护这种无聊的比喻，葬送了大量牺牲品。人们常常认真地辩论这样一个问题：真相是否应该屈从于审判程式。只要已决犯的口供达不到阻止司法进程的地步，为什么不应为了解脱因冤屈而蒙受的苦难，并为了真相的利益提供适当的机会，即使在定罪以后也让犯人拿出一些足以改变事件本质的新东西来为自己或他人辩解，以重新获得审判呢？

在司法审判中手续和仪式是必需的。这是因为它们可以使司法者无从随意行事；因为这样可以昭示人民：审判不是纷乱和徇私的，而是稳定和规则的；因为这样可以比推理更有效地作用于那些墨守成规者的感觉。手续和仪式要想不成为灾难，法律就绝不能把它规定得有损于揭示真相。真相有时过于简单，有时又过于复杂，所以需要某些外在的形式，使无知的人民能够接受它。

那些在审查中顽固地拒不回答提问的人应被处以法律所确定的刑罚，而且是一种最严厉的刑罚，以使人们不能就这样摆脱他们应承担的为公众树立鉴戒的责任。当被告人毫无疑义地犯有某一罪行，以致不需要对他进行讯问时，也就是说，当其他证据肯定被告人犯有罪行，以致他供认与否成为无足轻重时，上述刑罚也就不需要了。这后一种情况是最常见的，因为经验表明：在大多数诉讼中，犯人都是持否认态度的。

第 39 章

一类特殊的犯罪[1]

　　读到这里,人们可能会发现我遗漏了这样一类犯罪:它使欧洲的土地上洒满了人的鲜血;它把活生生的人体投入火中,用它们架起悲惨的柴堆,在那里,烧焦的骨骼噼啪作响,还在颤动的内脏受到煎熬,从人类躯体冒出的黑烟中传出嘶哑的、不成声的哭泣。然而,狂热的民众却把聆听这哭声当做一种欣赏和乐趣。不过,聪明的人都能看出,地点、年代和议题都不允许我去探讨这类犯罪的本质。

　　为什么有的国家要一反许多国家的范例,非得把人的思想都完全地统一起来呢?为什么有些相互分歧的见解,尽管它们之间的差异是极细微的、不明显的,而且是人们的能力所难以顾及的,但是,如果不确立它们中一者的主导地位,它们就也会干扰公共利益呢?为什么见解的本质竟如此复杂:有些见解在酝酿和斗争中日见分晓,正确的被保留下来,错误的则被记忆所淘汰,然而,另一些经不起推敲的见解,为了维护它们赤裸裸的固执,却需要诉诸权威和强力呢?论证这些问题将太冗长,太离题了。

---

[1] 在这里,虽然贝卡里亚没有明确说出所谓的"特殊犯罪"是什么,但从他对此罪的描述和评论看,这里暗指"异端邪说罪"。——译者注

对思想实行强迫命令,获得的只能是弄虚作假和随之而来的意志消沉,为什么这种强迫命令尽管看来可恨,却仍然是必要的呢?理性和比较受我们尊敬的权威要求发扬温和及友爱的精神,尽管对思想的强迫命令违背这种精神,为什么它仍然是不可或缺的呢?论证这些也将太冗长了。如果行使强迫命令的人凭借的是一种公认的权威,这一切就应被认为是不言而喻的,是符合真正的人类利益的。

我所论述的只是那些由人类本性和社会契约规定的犯罪,而不是罪孽,对于罪孽的惩罚包括暂时的惩罚,应该由有限哲学原则以外的其他原则加以制约。

第 40 章

虚伪的功利观念

立法者所酿成的虚伪的功利观念是滋生错误和非正义的土壤。所谓虚伪的功利观念,它首先注重的是个别麻烦,而把普遍麻烦置于第二位;它不是去诱导感情,而是向它发号施令,它对逻辑说:为我服务!它为了防范一种臆想的或微不足道的麻烦,可以牺牲无数现实的利益;它从人们手中夺去火和水,因为火能造成火灾,水能溺死人;它只会用毁灭的手段去防范恶果。

禁止携带武器的法律实质上就是如此。它们只不过解除了一些既没有兴趣、又没有决心去犯罪的人的武装。而那些胆敢触犯人类最神圣的法律和法典中最重要规定的人,怎么会遵守那些细碎的、纯粹随意制定的法律呢?触犯这些法律是那样地轻而易举,而且平安无事,而严格实行这些法律则会剥夺每个人包括开明立法者都极为珍视的人身自由,并让无辜者像罪犯一样忍受屈辱。这些法律使受攻击者的条件恶化,却为攻击者提供了便利。它们没有使谋杀活动减少,却使它增加,因为攻击解除武装者比攻击武装者要更保险些。这不叫预防性法律,而叫害怕犯罪的法律。在制定这些法律时,人们不是理智地权衡一条普遍法令会产生的利弊关系,而只凭借对个别事件的纷杂印象。

所谓虚伪的功利观念,是企图把死板的无机物所忍受的对称和秩序给予一群感知物;它忽视那些持久而有力地影响民众的现实因素,却重视一些遥远的因素,而如果没有某种非凡的想象力通过放大去克服对象的遥远性,这种遥远因素的影响就是极为短暂和微弱的。

最后,荒谬的利益观念为名称而牺牲事物,把公共利益同所有个人的利益分割开来。社会状态与自然状态的一个区别就是:野蛮人只要满足了自己的利益,就不再去损害他人;然而,社会性的人有时受一些坏法律的支配,却去做一些损人不利己的事情。

专制者在受他奴役的人们心中投下恐惧和消沉,但是,这些东西反过来对他的心灵回敬以更大的骚扰。这种恐惧越是孤独,越是带有家庭式的色彩,对于那些利用它为自己谋取幸福的人就越少危险。然而,这种恐惧越是公开,它袭扰的人越多,就越容易出现鲁莽者、绝望者或一些善于利用别人为自己目标服务的果敢者;分担危险的人越多,就越使人们心甘情愿并充满幻想。不幸者对自己生存的重视随着苦难的加深而减少。

正是由于这个缘故,侵害行为将不断制造出新的侵害行为;恨是一种比爱更持久的感情,因为,恨从行为的持续中获得了力量,而爱却被行为的持续所削弱。

第 41 章

如何预防犯罪

预防犯罪比惩罚犯罪更高明,这乃是一切优秀立法的主要目的。从全面计量生活的幸福和灾难来讲,立法是一门艺术,它引导人们去享受最大限度的幸福,或者说最大限度地减少人们可能遭遇的不幸。

然而,至今仍沿用的措施一般都是虚伪的,是违背这一目的。采用循规蹈矩的几何规则限定人的躁动行为是不可能的;就像恒定的、极为简单的自然规律阻止不了行星在运动中相互干扰一样,在欢乐和痛苦这些无限的和极为对立的引力的作用下,人类的法律是不可能阻止出现纠葛和越轨行为的,这只是个别人发号施令时的臆想。对大量无关紧要的行为加以禁止,防止不了可能由此产生的犯罪。相反,是在制造新的犯罪,是在随意解释那些被宣传为永恒不变的美德和邪恶。如果必须禁止有可能引导我们犯罪的一切,我们的境况将会怎样呢?那就非得让人们不要去使用自己的感官了。有一种动力促使人们去进行一次真正的犯罪,就有一千种动力促使人们去采取被坏法律称为犯罪的那些无关紧要的行为。如果说,犯罪的可能性取决于有多少推动力的话,扩大犯罪的范围就等于提高犯罪的可能性。这种法律大部分只是一些特权,是大家奉献给少数人享用的供品。

你们想预防犯罪吗?那你们就应该把法律制定得明确和通俗;就应该让国家集中全力保卫这些法律,而不能用丝毫的力量破坏这些法律;就应该使法律少为人的某些阶层服务,而让它为人服务;就应该让人畏惧这些法律,而且是让他们仅仅畏惧法律。对法律的畏惧是健康的,然而,人对人的畏惧则是有害的,是滋生犯罪的。

受奴役的人比自由人更加纵欲、放荡和残忍。自由人所考虑的是科学和国家的利益,他们注视着大目标,并孜孜以求。而那些满足于眼前时光的奴隶,则企图在放荡的喧闹中忘却自身所面临的灭亡。他们已经习惯了一切捉摸不定的结局。在他们看来,犯罪的结局也是难以预料的,这助长了支配他们的欲望。

如果法律的捉摸不定出现在一个因水土原因而懒散的国家,则这种情况将保持并助长该国家的懒散和呆钝。如果法律的捉摸不定出现在一个贪求享乐而活跃的国家,它将使该国家的活力在无数琐碎的尔虞我诈中消耗殆尽;这种尔虞我诈把背叛和弄虚作假变成谨慎的基础,因而,使人心四分五裂。如果法律的捉摸不定出现在一个勇敢、强大的国家,在经历了从自由到奴役,从奴役到自由的多次波折之后,这种情况最终将被消除。

第 42 章

科　　学

你们想预防犯罪吗？那你们就应该让光明伴随着自由。知识传播得越广泛，它就越少滋生弊端，就越加创造福利。一个胆大妄为的骗子往往是一个非凡的人，愚昧的人民对他顶礼膜拜，明达的智者则对他嗤之以鼻。知识有助于鉴别事物，并促进各抒己见，使很多情感相互对照，这些情感越是在他人那里发现同样的观点和同样的批评，就越容易相互改造。当光明普照国家的时候，愚昧无知的诽谤将停息，丧失理性的权威将发抖，法律的蓬勃力量将不可动摇。因为任何明达的人都会将自己所牺牲的那一点无益的自由同其他人所牺牲的自由（如果没有法律，它们可能共同侵犯他）的总和进行对比，因而，他们热爱公开的、明确的和有益的共同安全的契约。每个具有敏感心灵的人，只要浏览一下优秀的法典，并发现自己所失去的只是那种使他人受损害的有害自由，他将情不自禁地赞美王位的占据者。

科学总是有害于人类，这种观点并不真实，过去曾存在过这种情况，那是人们所不可避免的一个灾难。人种在地面上的繁衍带来了战争、比较粗陋的技艺和原始的法律；这些法律是一些暂时的契约，它们根据需要产生和消灭。这就是人们最初的哲学,它的少量成分曾是正确的,因为人的懒惰和不大精明使它们免于谬误。然而,随着人口的繁衍,人的需求也在成倍增长。需要用一些比较强烈和持续的印象,阻止人们重新返回日益有害的、原始的非社会状态之中。最初的谬误使人们生活在被虚假神格化的土地上,它给人类带来了巨大的好处(我说这是伟大的政治福利),并创造了一位主宰我们的、无形的宇宙调节者。那些敢于突然抓住人心并把温顺的愚昧牵到供桌之下的人,曾经是人类的恩人。这些人向人们介绍一些看不见摸不着的东西,当人们以为接近了这些东西时,它们却从人们面前消失了。这些对象从不受到蔑视,因为它们从没被清楚地加以认识。就这样,他们把各种欲望都结合并聚集在紧紧地抓住人心的独一对象上面。这就是所有由野蛮民族构成的国家的最初情况,这就是那个创造伟大社会的时代,这就是当时社会所必需的,甚至是唯一的纽带。我这里并没有讲上帝所选择的那个民族,最非凡的奇迹和最显赫的恩惠在那里已取代了人类的政治地位。

但是,无限分割是谬误的一种属性。同样,由此产生的科学把人们变成一群狂热的瞎子,他们在一个闭塞的迷宫中互相冲撞,以致使某些敏感的和哲学的心灵甚至羡慕古老的野蛮状态。最初的时代就是如此,当时的知识或更正确地说是见解,是有害的。

从谬误到真理、从黑暗到光明的艰难而可怕的过渡属于第二个时代。为少数豪强效劳的谬误同对多数弱者有利的真理发生着冲突,在当时受到厌弃的欲望开始靠近和活跃,这些都给可怜的人类带来无穷的灾难。相隔一定时间之后的历史,同先前的历史往往极为相似,研究这些历史的人常常发现:从无知的愚昧到哲学的明达,从专制到最终的自由,经历着痛苦而必需的过渡,在这一过程中,有整整一代人为后代的幸福作出了牺牲。然而,一旦人们的心灵安静下来,一旦焚尽国家积弊的烈火熄灭下来,真理的前进步伐就由缓慢到迅速,真理就登上了君主的王位,并被供奉于共和国的议会之中。到了这个时候,谁还会认为:使人启蒙的光明比黑暗还要有害,真实而简单的事物关系在被人们正确认识之后还会给他们带来灾难呢?

如果说一知半解比一无所知更加有害的话,那是因为一叶障目的人避免不了谬误,而一知半解正是把这种谬误的恶果同无知的恶果连在了一起。开明者,对于那些委托他们保管和守护健康法律的国家和君主来说,是最珍贵的天赐。这些开明者习惯于正视真理,而不是恐惧真理;他没有大部分的舆论需要,而对大部分人来说,这种证明美德的需要却从来都是难以完全满足的,他善于用最卓越的观点来观察人类,在他看来:自己的国家是一个情同手足的家庭。他视野中的人类越壮大,伟人与人民之间的距离就越小。

哲学家的要求和兴趣是凡人所理解不了的,他们在公开的光明中不推翻在黑暗中宣传的原则,他们养成了为自己而热爱真理的习惯。选择出这样一些人是一个国家的幸福。但是,如果善良的法律不使这种人的数量增加,以致降低常常出现的不良选择的或然率,这种幸福就只是暂时的。

第42章
科学

第 43 章

司 法 官 员

预防犯罪的另一项措施是：使法律的执行机构注意遵守法律而不腐化。组成执行机构的人越多，践踏法律的危险就越小，因为在互相监督的成员之中是很难营私舞弊的。每个人所享有的权力越小（尤其是同冒险相比较），他们对提高自己的权力就越不感兴趣。如果君主依靠某些器械、仪式以及严厉的敕令，或者通过准可自认为受到压迫的人提出正义的和非正义的起诉，以使臣民更习惯于畏惧司法官员，而不是畏惧法律，那么，这种畏惧更容易使这些司法官员有空可钻，而君主从中将难以赢得自身和社会的安全。

第 44 章

奖　　励

预防犯罪的再一项措施是：奖励美德。我发现，当今所有国家的法律对这个议题普遍默不作声。如果说，科学院对真理发现者的奖励促进了知识和优秀著作的繁荣，那么，慈善的君主所颁布的奖励为什么就促进不了道德行为的昌明呢？在明智的分配者手里，荣誉的奖金总是用之不竭、一本万利的。

第 45 章

教　育

最后,预防犯罪的最可靠但也是最艰难的措施是:完善教育。这个题目太广泛了,它超出了我所论述的范围;我还敢说:它同政府的本质有着密切的联系,因为并非仅仅在最遥远的公共幸福时代它才是一块贫瘠的并且只由少数哲人偶尔开垦几下的领域。一位给曾经迫害过他的人类带来光明的伟人❶已经详细地阐述过什么是对人类真正有益的教育的基本准则:教育不在于课目繁多而无成果,而在于选择上的准确,当偶然性和随意性向青年稚嫩的心灵提供道德现象和物理现象的摹本时,教育起着正本清源的作用;教育通过感情的捷径把年轻的心灵引向道德;为了防止它们误入歧途,教育借助的是指出需要和危害的无可辩驳性,而不是捉摸不定的命令,命令得来的只是虚假的和暂时的服从。

---

❶ 这里是指卢梭,他曾于 1763 年因出版《爱弥尔》一书而被教皇判处刑罚。——译者注

第 46 章

恩　　赦

随着刑罚变得日益宽和,仁慈和宽恕也就不那么必要了。在一个国家中,这些都成了有害的东西那才幸运呢!仁慈是这样一种美德,它对于君主来说,有时已成为王位一切义务之补充,它在完美的法制中本来应该被摈弃,在那里,刑罚是宽和的,审判方式是规则的和明快的。在生活于混乱的刑罚制度之下的人看来,这一真理有些苛刻,因为那里的法律荒诞离奇,刑罚严酷,因而需要仁慈和宽恕。所以,它是君主最高尚的特权;它是君权最可贵的属性;它是那些施舍公共幸福的慈善家对一部漏洞百出的法典的无声否定,这部法典恰恰受益于几百年来的偏见、无数诠释者的高谈阔论、表面手续所要求的严厉排场,以及那些善于曲意奉承却不令人敬畏的半瓶子醋的迎合。

但是请注意,仁慈是立法者的美德,而不是执法者的美德;它应该闪耀在法典中,而不是表现在单个的审判中。如果让人们看到他们的犯罪可能受到宽恕,或者刑罚并不一定是犯罪的必然结果,那么就会煽惑起犯罪不受处罚的幻想。既然罪犯可以受到宽恕,人们就会认为:无情的刑罚不是正义的伸张,反而是强力的凌暴。如果君主把恩赦即公共安全赐给某个人,并且采用不明智的私人仁慈行为制定不予处罚的公共法令,那么,我能说什么呢?

　　法律应当是铁面无私的,每一具体案件中的执法者也应当是铁面无私的。但是,立法者应当是温和的、宽大的和人道的。他们是一些明达的建筑师,使自己的大厦以自爱为基础平地而起,使普遍利益集中地体现为个人利益。他们任何时候都不会被迫用片面的法律和混乱的措施将普遍利益同个人利益割裂开来,以恐惧和猜疑为基础建立起公共幸福的虚伪形象。他们是深沉而敏感的哲学家,让作为自己兄弟的人们安宁地享受那一小份幸福;自在的第一动因所创立的无限体系,安排人们在宇宙的这一角落领略这种享受。

第 47 章

总　　结

　　总而言之,刑罚的规模应该同本国的状况相适应。在刚刚摆脱野蛮状态的国家里,刑罚给予那些僵硬心灵的印象应该比较强烈和易感。为了打倒一头狂暴地扑向枪弹的狮子,必须使用闪击。但是,随着人的心灵在社会状态中柔化和感觉能力的增长,如果想保持客观与感受之间的稳定关系,就应该降低刑罚的强度。

　　从以上论述中,人们可以总结出一条颇为有益的普遍公理,然而它却不那么符合习惯——某些国家中最普通的立法者。这条公理就是:为了不使刑罚成为某人或某些人对其他公民施加的暴行,从本质上来说,刑罚应该是公开的、及时的、必需的,在既定条件下尽量轻微的、同犯罪相对称的并由法律规定的。

附录一

关于死刑的意见

(1792年)

刑事委员会正在起草新《刑法典》的序言,这部法典是依据1790年8月13日帝国王室公文第三部分确定的原则制定的,并将呈送君主批准。在起草上述序言时,刑事委员会需要对该《刑法典》所规定的各种刑罚加以列举和排列,以便按照应有的对称关系将其适用于不同的犯罪,在这方面,也参照上述王室公文所推荐的《奥地利法典》和《托斯卡那法典》这些优秀典范。

一个极其重要的并且争论激烈的问题立即被提到桌面上来:是否应当将死刑也列入上述刑罚当中?委员会的意见出现了分歧,并且似乎已发展到这样的地步:如果各种不同的意见不先安静下来恭听陛下圣明的决断,委员会在起草《刑法典》方面将不可能继续取得进展。我们又不能按照委员会各个成员的不同意见起草数部不同的法典,那将是对时间和劳动的极为严重的浪费。

但是,大家在这个问题上是一致的:死刑应当仅适用于极少数犯罪,把单纯地处死看做是最高的极刑,完全不要再像古代法典所通常规定的那样,在对最严重的犯罪在执行死刑时采取无益的和凶残的严厉手段。基于这样的考虑,峰回路转,委员会能够通过以下方式推进它的工作,即:确定针对最为严重的犯罪判处极刑,同时附带注明关于适用死刑的意见和适用替代刑罚的意见,这里所说的替代刑罚,我们认为是指其辛苦程度与犯罪的严重程度相对应的公共劳役。

实际上,我们三位签名人坚定地认为不应当适用死刑,除非存在着具有某种积极必要性的情况,在社会的和平状态中并且在正常的司法管理条件下,我们很难发现这种积极必要性,只有在一种情况下才会出现此必要性,即:某个犯罪人阴谋颠覆国家,尽管受到监禁并被严加看管,却仍能够通过所继续保持的内外联系重新侵扰社会,并且陷社会于危难。

另一些人则认为,除此之外还应增加另一种情况,即:犯罪人除实施了本身最严重的犯罪外还犯有谋杀罪,例如拦路抢劫者,除采用暴力侵占财物外,还侵害被害人的生命。最后,还有的人认为,有必要将死刑扩展适用于其他一些犯罪,但都是些极为严重的犯罪。所有人都一致认为,在发生公开叛乱、骚乱和聚众动乱的情况下,可以暂时通过处死实施反抗的暴乱分子的方式进行镇压,在此情况下,处死这些人不是一种法律上的死刑,而是一种真正宣告战争的结果。

在为王室和公众服务热忱的激励下,我们这些人应当真诚和简要地阐述那些促使我们提出上述意见的理由,正是被援为典范的《奥地利法典》和《托斯卡那法典》激励着我们坚持这样的意见。《奥地利法典》第一部分第 2 章第 20 条明确规定:死刑不应当适用于除就地审判程序以外的任何场合。所谓的就地审判程序,或者叫即时审判程序,从相关的背景和理由来看,只可以并且只被允许适用于国家遭遇紧迫危险的情况之中,例如:发生叛乱和骚乱。《托斯卡那法典》在第51章❶中废除了针对任何最严重犯罪的死刑,并列举了真正最合情理的理由。需要注意的是,这两部法典也都针对任何直接侵犯君主人身的犯罪行为排除了死刑的适用,无论这些犯罪表现为怎样的类型。

暂时不谈上面提到的两部法典在我们眼前所应树立的权威,这种权威应当是至高无上的,仅追寻上述《托斯卡那法典》第51条的光明轨迹,追寻坚持上述主张的那些最尊贵者的精神,我们认为:除了我们前面列举的那种情况以外,不宜适用死刑。首先是因为死刑是不必要的,因而是不公正的;其次是因为死刑不如终身刑有效,如果这种终身刑具备有效和持续的公开性;第三是因为死刑是不可补救的。

为了证明死刑是不必要的,我们仅需考虑这个问题:一种刑罚要想成为公正的,它的强度只要足以劝阻人们不去犯罪就够了。无论某个犯罪可能多么有利可图,现在没有人在经过认真思考后能够为它而选择彻底并终身地丧失自己的自由。因此,取代死刑的终身受役具有足以使任何已决的意志回心转意的强度。此外,这也比较符合人类的这一本性:宁愿死也不愿意接受终身的和悲惨的奴役。

为了打击最严重的犯罪,人们可能认为有必要利用死刑来树立戒鉴,关于这一点,似乎需要用事实加以证明,即让人们能够看到,在那些经常适用死刑的地方,相对于死刑较少

---

❶ 原文如此。贝卡里亚随后将此表述为"第51条",此处的"章"疑为笔误。——译者注

适用或者完全不被适用的地方,上述最严重犯罪的数量大大减少。如果我们现在愿意以立法者无偏见和冷静的眼光观察一下已经过去的年代,观察一下与我们临近的或者相距遥远的、已经将死刑仅仅限定于严重犯罪的国家,我们可能会发现情况完全不同,在刑罚越有节制的地方,正因为有节制,它们对犯罪人就越不讲情面,人们没有理由不让犯罪人免受处罚;在那些地方,犯罪变得不那么经常,因为人的本性逐渐被塑造得与法律的宽和性相符合。

为了证明死刑不如公开的终身刑有效,我们可以这样思考一下:打击犯罪的最有效手段不是严厉的刑罚,而是不可避免的刑罚,只要这种刑罚是与犯罪相对称的;制止人们犯罪的最强大的约束力量不是处死罪犯时可怕的并且短暂的表演,而是一个人被剥夺自由、以其牢狱生活补偿他所侵害的社会的那种长期和持续存在的戒鉴。这种戒鉴之所以有效,是因为它不断地让我们想到:如果我们自己实施这样的犯罪,也将同样沦入这种漫长的和苦难的境地;这比目睹死亡更加具有效力。人们在观看遥远的厄运时总是幻想自己能够避免它,并且总是对那些正遭遇这种厄运的人抱有同情的心理。

再者,每次用死刑为国家树立戒鉴都以出现一次犯罪为前提条件;而采用终身劳役刑,只要有一次犯罪就可以树立很多的并且持续的戒鉴。如果说人们经常根据事实看待法律的力量的话,死刑就不应该离人们很遥远;因而这种死刑就以犯罪的经常性为前提条件;为了让死刑变得有效,就需要不给人们造成那种它本应造成的印象,也就是说,死刑既是有效的,同时又是无效的。

虽然所有人都赞同把死刑的适用限定于最严重和最凶残的犯罪,但是,由于死刑是瞬间发生的事情,因而很难让它与犯罪的数量和凶残程度相对称,显然,一次谋杀犯罪无论多么野蛮,难道就不可能另有歹徒实施更加野蛮并且次数更多的谋杀犯罪吗?因而,死刑不是那么有效的。采用同样的刑罚惩处更加严重和次数更多的犯罪,这将会造成弊端,为了避免这样的弊端,就必须通过更加残酷和挖空心思的行刑方式,实际地而不是表面地把死刑升格,这样所树立的戒鉴就不仅是在以谋杀惩罚谋杀,而且还在为这完全讲不通的做法增添合法的残暴色彩。

最后,我们认为:死刑作为不可补救的刑罚,相对于人类证据不可避免的不完善性,是不足取的。即使死刑是公正的,即使它是所有刑罚中最有效的,为了正确地针对罪犯适用死刑,就必须以排除相反可能性的方式证明他是有罪的。这显然是因死刑的不可补救性而产生的要求。目前,如果要求根据这样的证据来判决罪犯,可能从来不会出现适用死刑的情况。

并不是说,在法典中规定死刑可以仅仅起吓唬人的作用,如果实际上取消了刑罚的执行,就消除了树立戒鉴的最重要效果,即:刑罚的不可避免性,并且会使其他刑事法律的效力减弱。

事实上,根据对所有法律制度的考察人们发现,判处罪犯死刑的充足证据从来都达不到排除上述相反可能性的程度。即使提供证言的证人为两人以上,即使关于犯罪嫌疑的证据数量繁多且相互独立,并且这些证据都得到被告人供述的印证,上述证据仍超不出道德肯定性的范围,经过认真考察,这种道德肯定性只不过是一种最高的可能性,别无可说。几乎在所有的国家都出现过这样的事例:一些臆想中的罪犯被判处了死刑,原因就是所依据的证据被推测为不可辩驳的。

对于这些情况,我们不想总是责备法官缺乏经验、疏忽大意或者用心不良,我们想说,这表现出法律所必然具有的不完善性。凡当这些几乎不可避免的司法审判错误没有能够逃脱公众的眼睛时,凡当时间能够及时证明那些臆想中的罪犯是清白的时,上面提到的情况总是被视为一种公共灾难,法官由于不应归咎于他们的过错而成了公众义愤的牺牲品。

在给犯人定罪判刑时,人们只能遵循道德肯定性所依据的那种并不总是非常明确的标准,在这种情况下,死刑在犯人被消灭后就成为不可补救的,因而,它无法与在犯人生存时可通过某种方式予以补救的刑罚相比拟;死刑在本质上是公正的,在实际中是比终身刑有效的,这类说法也只是臆想,是我们根本不能接受的臆想。

有人会说,在我们同意判处死刑的那种情况中,犯人也同样面临不排除相反可能性的证据弊端。但请想一想,在我们所提出的那种唯一情况中,人们面对着两个相互矛盾的必要性:一个是必须使国家避免紧迫的颠覆危险,另一个是必须应对杀死无辜者的颇为遥远的危险,显然,在这两种危险之间,我们被迫为了一种事实上的必要性而去应对第二个危险,我们必须努力避免第一个危险,为避免这种危险,不一定必须树立戒鉴,或者说不一定必须遵守法制。

因此,那种促使我们要求取消死刑的同情心,并不是对罪犯们的错误同情。我们并不反对最高立法者享有在高瞻远瞩地认为必须依靠死刑镇压犯罪时决定适用死刑的权力。假如我们觉得死刑是必要的,我们也将认为自己负有明确的义务建议适用它,并且恳请立法者不去遵循我们圣明的君主所树立的高尚典范,不像在《托斯卡那法典》那样针对所有案件都废除死刑;我们已经勇敢地提出只在一种情况下适用死刑,即:罪犯尽管受到看管,却仍然可能通过其影响对国家造成颠覆。另外,还应当听从君主陛下对最高司法官咨询意见的裁断。

在结束我们这些谨供参考的意见之前,我们还应当作些补充,我们所建议的替代死刑的刑罚要求其本身具有足够的和持续的公开性。因此,仅仅一所位于省的边角地区的无期徒刑监狱,看起来不太适合为公众树立我们所提出的、持续和有效的戒鉴。我们认为,最好在各个城市中都建立无期徒刑监狱,以便让这种刑罚进入公众的眼帘。

拆分无期徒刑监狱并对其实行分类管理,这也有利于比较容易地找到类似服刑的公共劳动,而且有利于纠正因将犯有不同罪行并被判处不同程度刑罚的罪犯混合关押在一个地方而导致的弊端。

这里不是进一步阐述这些问题的地方,我们点到为止,更何况委员会也打算对这些问题进行最为认真的研究。我们只想提出一些最基本的问题以证明:公共劳役可以成为非常有效的刑罚,并且可能有助于实现所有优秀刑事立法的目的,这种目的首先就是在可能的情况下矫正罪犯,并且为平常人树立戒鉴让其远离犯罪。死刑,如果说能够最快捷地摆脱罪犯的话,对打击犯罪却不是最适当的。

附录一
关于死刑的意见

附录二

关于政治犯罪问题的简略思考

（1791年）

为了遵从深深信任我的阁下发出的指示，我撰写了这些意见，它们仅供阁下您自己参考，并且全部责任由我承担。尽管这部《刑法典》在封面上印着君主的圣名，但它还没有得到圣上权力机关的认可。限于那些众知的、我的个人条件，限于时间的短暂，并且限于公务的繁杂，我将尽可能地把自己的意见表述清楚，并作出简要的解释。

第二部分第1条涉及的是政治犯罪❶，在我看到的文本中，只有本《刑法典》列举的犯罪才被视为是政治犯罪，而似乎其他所有根据具体的现行规章构成违法的行为则不能并且也不应被归入政治犯罪范畴。目前，这类具体的现行规章数量颇多、繁杂、难以理清，尽管由这些规范规定的刑罚似乎都是财产刑，然而，上述做法似乎不大容易与第10条相互协调，该条将政治刑罚均规定为罚金刑，只有违法赌博的情况例外。

---

❶ 贝卡里亚这里所说的"政治犯罪"（delitti politici）有着比较宽泛的含义，形容词 politico 可以有"与国家统治或行政管理相关的"含义。相对于自然法意义上的"刑事犯罪"（delitti criminali），本文中的"政治犯罪"主要是指违反国家行政管理规范的犯罪行为，即"行政犯罪"。——译者注

因而，应当说似乎存在三类犯罪：一类是刑事犯罪，对其采用比较长期的和比较严厉的刑罚惩处；第二类是政治犯罪，对其采用较轻，至少刑期较短的刑罚惩处；第三类是规章犯罪，对其采用罚金刑惩处。关于这个问题我首先想说：对于这些只可处以罚金刑的第三类犯罪来说，它们当中的大部分已经被纳入并且被确定为政治犯罪，因此，这就使得由第二部分第1条最后所作的保留成为不必要；倘若许多这类犯罪没有被列为政治犯罪，本法典封面上君主宣言所指出的宗旨就远未实现，即：为刑事司法提供准确的指导，防止刑事司法中的擅断，为刑事犯罪和政治犯罪划出适当的界线，确立犯罪与刑罚之间的正确关系，不给人以纯属临时标准的感觉。

这些圣明的原则，只有我们的君主才能提出，它们给我以勇气表达这样的愿望：在我们的《刑法典》中，应当准确地区分犯罪的性质，将刑事犯罪区别于政治犯罪。

在我看来，如果说需要对犯罪加以区分的话，应当将表现出以下特性的犯罪理解为刑事犯罪，即：如果不对其加以惩罚和打击，它们将直接导致对社会关系的破坏。而所谓政治犯罪，则是指那些使社会变得不完好的违法行为或者过失，它们只是间接地导致对社会的破坏。

在进行了这种划分之后，我立即认识到应当根据截然不同的原则分别调整针对刑事犯罪的处罚立法和针对政治犯罪的处罚立法。因为，对于刑事犯罪，应当更加注重的是树立戒鉴，而不是矫正个人；相反，对于政治犯罪来说，应当更加注重的主要是矫正，而不是树立戒鉴。虽然树立戒鉴和矫正个人对于这两类不同的犯罪都应当兼而顾之。

政治犯罪更多表现为过失和违法,相对于真正的犯罪,它们应当被看做是初期的行为,它们将把人培养成真正的作恶之徒和罪犯,这后一类人应当受到公众的唾弃,并且只能将其变成他人的戒鉴。因而,对政治犯罪的惩罚应当采用比较有效的手段,以便使一个公民受到矫正和控治,刑法本来是想挽救他,并非为了戒鉴的需要而不得不遗弃他。

与此相呼应,如果说针对刑事犯罪的刑罚应当主要用来为树立戒鉴服务,这种戒鉴是易感的和持续的,它所造成的恐惧不是短暂的,而是长久的,死刑就应当完全废除,并且根据犯罪的严重程度代之以严厉的长期刑罚。但是,针对政治犯罪的刑罚,首先应当用来为矫正服务,然后才是树立戒鉴,在刑罚裁量时应当注意不要让戒鉴有损于矫正,后者是这类刑罚的主要目的;因此,后一类刑罚应当具有完全不同于前一类刑罚的性质,它们的刑期比较温和,持续的时间不那么长,并且尽可能地不具有羞辱性,因为,一旦产生了羞辱性,就会使矫正的希望落空,人们应当通过针对政治犯罪的刑罚获求对个人的矫正。

我不能不提醒注意在政治犯罪、政治刑罚与刑事犯罪、刑事刑罚之间存在着另一个颇为重要的区别,它产生于我前面所提到的区分。

对于那些倾向于破坏社会的刑事犯罪来说,不需要实证法律对其特征加以描述,因为它们是由自然法和万民法所界定的;在所有文明的、非野蛮的或者非粗野的国家中,无论所处的自然环境如何,无论在什么时间,无论采用何种政府形式,这类犯罪差不多都受到同样认定和唾弃。相反,政治犯罪则倾向于损伤社会,而不是破坏社会,对它们的定性则主要来自于实证法律,根据不同的时间、不同的环境、不同的政府形式,总之根据一个国家所有不同的情况,这些实证法律存在着差异,并且应当具有差异。如果说几乎占主导地位的公共舆论对于刑事犯罪的态度基本上是一致的话,对政治犯罪的态度则必定因社会的缤纷多样而变得各不相同。对于这种公共舆论,君主并不真正地施加直接的影响,而只是通过有远见的立法给予间接的影响。

我以为表白这些一般性的思考是适当的,因为我觉得它们符合我前面所提到的君主谕令的极圣明原则。但是,请允许我提出这样一个问题:虽然在许多条款中,尤其是在关于政治犯罪一般划分的条款中,在一些序言性条款和准则性条款中,这些原则似乎得到了体现,然而,在很多关于特定犯罪的具体条款中,以及在为其规定的相应刑罚中,却并非如此。

无论人们是否愿意将其看做是关于政治犯罪和刑事犯罪的不同规范,《刑法典》第一部分和第二部分的各自第 2 条分别明确地向我们展现了这样的规范。认定某人实施了刑事犯罪的前提条件是具有**罪恶意图**和**自由意志**,而认定某人实施了政治犯罪的前提条件则是**损害行为**,该行为**产生于自由意志**。因而,按照《刑法典》的规定,恶意和损害是两个具有实质区别的条件,认定刑事犯罪必须具备前一项条件,认定政治犯罪则必须具备后一项条件。

在将政治犯罪区别于刑事犯罪的问题上,另一个值得注意之处是第 4 条,该条款规定:单纯的犯意不足以构成政治犯罪。相反,根据第9条的规定,对于刑事犯罪来说,单纯的犯意也可能是有罪的。

事实上,从我的原则来看,那些倾向于破坏社会的犯意,如果因不受惩罚而经常出现,对树立戒鉴来说是非常危险的。对于政治犯罪来说,情况则并非如此;无论是为了矫正还是为了树立戒鉴,惩罚行为都足够了;如果想对犯意也加以惩罚,由于此类违法经常发生,则可能导致惩罚的负面作用超过违法本身。

基于以上思考,依循《刑法典》关于政治犯罪性质的界定和精神,可以看出:第二节涉及的是政治刑罚,而这种刑罚在第十节中转化为杖刑、绑在柱子上示众、拘禁、强制公共劳动、逐出某一地点,完全排除了罚金刑的适用,唯一例外的情况是违禁赌博。

我现在注意到,第一部分第21条针对刑事犯罪规定了差不多相同的刑罚,只是排除了锁链刑,唯一的差别体现在刑期的长短以及监禁的某些特殊条件上。特别要说的是,由于示众刑和杖刑给受刑人打上了不可消除的耻辱印记,因而它们可以用来为树立戒鉴服务,恐吓无辜者不要去实施政治犯罪,但不可能用来对犯罪人实行矫正和约束,而这种矫正和约束应当是惩罚政治犯罪的主要目的。相反,科处这种远远不能矫正和劝阻此类犯罪人的刑罚,将只会刺激和促使犯罪人实施更加严重的和真正的犯罪,因为,那些在公共舆论中并且仅仅在公共舆论中声名狼藉的人,将慢慢地丧失一切廉耻,他们会找到越来越多的理由让自己沉溺于最下贱的情欲,而这种情欲随后将成为重大的刑事犯罪的根源。我看到：在规定适用示众刑和杖刑时，并不对受刑人做任何区分，即便是贵族、有一定职位的人、商人、艺术家，概无例外，如果是这样，我的以上论点将变得更加雄辩。对于这些人，不附带上述惩罚的、较为温和的监禁刑可以改变为住所拘禁，就像第14条和第15条规定的那样。

现在，对于政治犯罪来说，受刑人的身份是一个重要的因素，为了裁量恰如其分的刑罚，应当特别注重考虑该因素。

很少有人打算实施刑事犯罪，与此相比，则有很多人正在实施或者即将实施《法典》中列举的政治犯罪，因为，人的软弱、情欲的力量以及其他大量的生理或精神的原因都促使人们实施这样的犯罪。如果是这样的话，就可能导致过于频繁地适用示众刑、折磨性监禁和杖刑，这些刑罚的频繁适用并不能使国家实现矫正的目的，而只能使国家走向败坏。一旦那些身份高贵者或者地位文明者所具有的荣誉感受到摧毁，人们就丧失了主要的理由去自觉地遵守诚实的戒律和国家的法律；如果把这些人降低到地位最低下和卑贱者的水平，后一类人的堕落和下流的习俗就会越来越上升和泛滥。

大家都知道这样一项原则：耻辱产生于罪过，而不是产生于刑罚。因此，对于那些因其性质而在公共舆论中造成耻辱的罪过来说，羞辱性刑罚是适宜的；而对于其他那些并不造成耻辱的过错来说，则是不适宜的。大部分政治犯罪的情况就是如此，它们并不表现为邪恶，而是表现为根据自由意志而造成的损害，因而，不能认为它们属于造成耻辱的罪过。如果说政治刑罚的目的是矫正和阻止有关人员不要实施更为严重的犯罪的话，即使某些政治犯罪给犯罪人造成某种较小的耻辱,也不应该认为它们属于造成耻辱的罪过。

刑事犯罪通常都表现为重大的邪恶和罪恶,因而也就产生严重的耻辱,对于刑事犯罪,高贵者应当与平民百姓接受同样的刑罚,对此,我并不认为有什么大的不对。那些地位较高的人,如果实施这类犯罪,就是在进行自我贬低,因此,可以对其适用耻辱刑,尽管那些取代了死刑的折磨性刑罚和持续性刑罚对这类犯罪人的无辜家庭会造成更长期并且更易感的影响,并且必然使其蒙受耻辱。何况地位越高的人就会分享越多的社会利益,如果他们与平民百姓一样实施了刑事犯罪,他们所实施的罪行就更为严重。同样的刑罚对他们的实际影响也会更为严重,这是公正的,因为,实施刑事犯罪的高贵者表现出更大的邪恶,这样做将使刑罚在其性质上与犯罪相对称。

但是,政治犯罪不表现为邪恶,而表现为有意造成的损害,它们并不直接倾向于破坏社会,也不侵犯自然法,它们是单纯的过错而不是故意;用罗马法的术语讲,它们不是"恶行"(maleficia),而是"准恶行"(quasi maleficia),对于这类犯罪,应当非常注意行为人的地位,因为,棍棒可以矫正一个卖苦力的人,对于一个高贵者、一个诚实的商人和任何文明的人却是一种侮辱和毁灭,并且使其整个家庭都陷入最悲哀的羞辱当中。这样的刑罚不再与犯罪相对称,而是被大大加重了,因为刑罚所造成的损害与过错所造成的损害是无法比拟的。

对于政治犯罪使用过于折磨性的和羞辱性的刑罚还可能造成另一个严重的问题:随着这种刑法的颁布,在公民中传播的将是恐惧和沮丧。大部分人是不想实施严重的刑事犯罪的,他们也不会轻易担心可能受到关于这类犯罪的诬告,因为他们很容易找到为自己辩护的手段,刑事诉讼规范为无辜者提供一切帮助。但是,对于政治犯罪,情况却不是这样。所有人都隐约感觉可能会实施这类犯罪,导致人们实施政治犯罪的情况和处境越常出现,这种可能性就越大,一个有意的损害足以实现对被告人的归罪。在一个人口众多的并且因此而松垮的社会当中,这类人们不得不实施的犯罪数量太多,因而要求程序上的简略和办案上的快捷,否则,就可能使犯罪人逍遥法外,并且可能使刑法的目的落空;由于这样的情况,每个人都将担心自己,担心诬告者的怨恨,怀疑周围的人都是告发者,并且担心自己很容易成为简易程序的受害人,或者因他人的嫉恨或者因自己考虑不周而遭殃。

这种普遍的恐惧和普遍的猜疑将孕育出一些坏毛病,通过隐蔽的和显现的损害侵蚀我们的社会;这些坏毛病是可以避免的,但它们现在却会造成损害。因而,如果说在一个温顺和驯服的社会中它们并不孕育叛乱和动荡的话,肯定会造成一种难以察觉的并且也可能是快速的人口外流,特别是像我们这样的人口众多、却被夹在狭窄边境线之间的国家,这种人口外流就更加容易发生。那些环绕着我们并与我们保持着联系的外国也许并不厌烦接受来自我们国家的移民,从而对我们的农业造成严重损害,使我们正在复兴的工业遭受极为严重的损失。与我们的某些邻国相比较,米兰是温顺的、听话的、丝毫不暴烈的;但是,它慵懒并且容易自卑。它需要勇气,需要良好的教育,慈父般君主的明智之举确实是

附录二
关于政治犯罪问题的简略思考

在朝着这个方向努力。如果非得让折磨性政治刑罚经常适用,将会摧毁这些明智之举的功效,并且造成完全相左的结果。

另外两个考虑涉及我们国家的本地情形,它们也促使我站出来反对在关于政治犯罪和政治刑罚的《刑法典》中纳入过于折磨性和羞辱性的刑罚。第一个考虑是:大量的贵族和文明家庭在外国拥有数量庞大的不动产,在很多情况下,这些不动产构成其财产的主要部分;然而,由于热爱自己的祖国,由于真正拥护统辖我们的皇室,由于已经形成的亲属关系和习惯,这些人生活在我们这里。但是,如果他们担心太容易遭受上述刑罚,并且这种担心侵入他们的心灵,哪怕这种担心并没有什么根据,所有这些联系都可能消解。由此而导致的损害将可能是无与伦比的。如果我们能够对政治刑罚和某些刑事刑罚给予一定的柔化,这种损害本来是可以避免的。

第二个考虑涉及被纳入政治刑罚中的耻辱刑。我们与大量近邻国家之间的亲属关系、婚姻关系以及各种各样的业务关系真是太多了,因而耻辱刑对这些关系的灾难性后果简直是不可估量的。当一位君主统治着一个广袤的大国时,可以通过法律在一定程度上影响自己臣民的舆论;但是,他不可能以任何方式对接受其他政府或君主统治的外国的舆论施加影响。现在我们所处的情况是:我们有幸服从一位伟大的君主,然而,并不是一切可适用于其广袤的日耳曼、波西米亚和匈牙利领地的制度也可以适合于我们,我们的四面八方被外国包围着,由于我们同这些外国有着千丝万缕的联系,因而它们对公共舆论带来决定性影响,一个广袤的君主国的法律在我们这里适用时不可能不存在造成损害的危险,这种损害甚至会远远大于在编纂一部普通法典时所设想的利益。

基于以上所论述的情况,我认为,似乎应当把政治犯罪和政治刑罚限制在比《刑法典》所设计的更窄的范围以内。关于政治犯罪,我想把自己的论述限定于那些纯粹的过失和违法,它们不包含任何种类的欺诈、暴力、正式且邪恶地引诱他人做坏事等,而是产生于纯粹的一时冲动、头脑发热的幻想、对享有合法指挥权者形式上的不服从等原因,总之,我所指的是那些正在朝犯罪方向发展,但尚不属于真正犯罪的行为,以及所有其他虽构成对社会秩序的扰乱,但并不直接与社会秩序相对抗的行为。政治刑事立法应当阻止恶行的产生,制止鲁莽者走向严重的犯罪,以严厉的温情纠正那些轻微的和日常的违法行为。政治法庭应当成为威严的父亲,而不是法官,应当成为人类行为的矫正者,而不是复仇者。

同样,这种刑罚最好限定为拘役或者监禁,它们期限的长短由关于政治刑罚的《刑法典》加以明智地确定,并考虑拘禁是在家中还是在监狱中执行,在进行此种选择时应当注重有关人员的地位,执行刑罚的监狱应当与关押刑事犯监狱完全分离。政治刑罚还应局限于褫夺或者停止有关的职务;局限于在一定期限内关闭店铺并公开张贴告示说明理由,局限于城内拘禁、从特定地点驱逐、放逐到乡村、公开训诫这样的方式。

盗窃、欺诈、公共丑闻、真正和明显地引诱朴实者堕入腐败习俗,我在这部政治法典里发现这些行为也被纳入其中。

这些行为表现为真正的邪恶,本来应当纳入刑事法典,被处以一种比我刚才所建议的刑罚更重,但比第一部分第21条规定的刑罚更轻的刑罚。对于这类比较轻微的真正犯罪来说,第一次失足不宜采用关于刑事犯罪的法律规范处理,而应采用比较宽和的关于政治犯罪的法律规范处理,因为,第一次的行为,尽管是具有邪恶性的,并不表现为惯常的邪恶,也没有排除使行为人改恶从善的希望。当然,对于累犯则不能相提并论。然而,根据《刑法典》的规定,再次实施的行为并不一概导致加倍处罚,也没有因此而被归入刑事犯罪的范畴,尽管行为的再次实施表现出一种根深蒂固和显而易见的邪恶,并应当认定为属于刑事犯罪。我的这一评论涉及第29条、第30条、第31条和第32条,这些条款针对的是数额低于25福林的轻微盗窃行为,重复实施此行为并不导致刑罚的加重。实际上,假如一个小偷每天盗窃数额少于25福林的财产,他本来应当被认定为真正的刑事犯罪分子,不宜采用政治刑罚加以矫正,而只能采用严厉的法律加以惩罚,以便为他人树立戒鉴。

通奸被列入第44条所规定的政治犯罪当中。对此,我应当作些评论。婚姻关系是一种双方相互享有的所有权,是关系家庭和睦、子女教育社会习俗和关系以及继承权的基石,保持婚姻关系纯洁无瑕具有重要意义,考虑到这一点可能值得将这种犯罪列为刑事犯罪。但是,如果人们也认为把它纳入政治犯罪之列是最好策略,似乎应当将通奸男子区别于通奸女子,因为,通奸女子可能给一位父亲带来非亲生的子女,通奸男子则不同,他如果与自由女子厮混,不可能对社会造成同样的损害,因而不应当遭受同样的刑罚。我们撇开公共丑闻不谈,为避免这样的丑闻需要采取其他措施,我同样认为,《刑法典》的以下决策是英明的:非经作为无辜一方的并且一直反对配偶通奸行为的被害人申请,不予处罚。

由于采纳了公共丑闻的表述,第 69 条的规定似乎太容易让那些被认为具有诱惑性的人面临引诱淫荡罪的含混指控。就此种犯罪的性质而言,为了不造成立法精神本希望加以避免的那种丑闻,对于该犯罪最好能够加以遮蔽,而不是加以张扬。

第 75 条笼统地禁止卖淫,这似乎过于严厉,因为,在人口众多的城市禁止这种坏事不能不冒这样的风险:热情四射的青春可能玷污他人的婚床,并且会想方设法以偷偷腐蚀诚实之人的方式获得满足。如果与卖淫相伴随的是为赢利目的进行引起公愤的公开引诱,似乎应当予以惩罚,而其他的情况,则作为一种必然的坏事,最好不要去管。这似乎在第 76 条中也提到了,尽管不那么明确。

如果时间和条件允许的话,我在浏览这部政治法典的每个条款时,都可以发表很多其他的评论,这些评论或许能够使许多条款的内容更加明确并且变得比较宽和;说实话,在各个公民阶层中造成了极度恐惧的主要不是这些条款的内容,而是这些条款的表述方式。那些了解下列情形的人不会对此感到惊奇:群众完全不是从美好的意义上去解释新生事物,而是倾向于诋毁新生事物。对于新制度和新法律来说,在一部法典中体现这样的宽和性和明确性是非常重要的,因为,一般来说,人们更多是根据习惯而不是推理来规范自己,他们宁愿准备忍受较大的,但司空见惯的弊端,而不愿意忍受较小的,但新出现的弊端。

根据阁下的嘱托,我也阅读了为政治司法官们发布的、关于对政治犯罪人采取何种方式进行审讯、判刑和执行刑罚的指示,总的来说,我觉得它们是有远见的,而且,在我看来,有关执行刑罚方式方面的指示缓解了《刑法典》本身的严厉性。我想,这些指示在根据我们的具体情况进行一定程度的调整后也应当予以公布,以便让每个人都看到政治司法官的权力被限制在怎样的范围之内,并且让国家从那种因误解而产生的恐惧中安静下来。很多人都误认为,政治刑法典是想让公民受治于那些参与行使公共权力者的私人嫉恨和恣意妄行。

我觉得有必要作一些简短的评论,提出一些值得思考的问题。

1. 第 10 条的规定可能值得研究,该条款允许将担任教师工作并经过宣誓的人员以及为维护纪律、良好秩序和公共安全而设立人员的陈述采纳为法定证据,只要此类人员当场发现了犯罪人并向其发出警告,甚至予以拘捕;这种证据可以与其他两名证人的陈述相抗衡,即便这后两名证人不受任何抗辩、陈述一致、经过宣誓并且经过与被告人对质。赋予一个人(尽管是教师)的宣誓以相当于两个不受抗辩者宣誓的相同效力,这似乎是完全不可接受的,即便教师在可信性和职务方面可能居于其他作证者之上,特别是在没有准确界定哪些人属于根据第 10 条的规定具有此种特权的情况下,此种做法更不可接受。那些有义务当场拘捕犯罪人的人员是一些下级胥吏,他们的责任是证实犯罪已经发生;这些人员,包括具有较高级别的人员,非常可能为了报复或者其他目的而滥用职权,置宣誓于不顾。尤其是对于某些现行犯罪来说,由于不存在犯罪物证,被告人的命运完全取决于某一人的思量,在这种情况下最可能发生上述问题。

2. 第14条和第15条禁止政治司法官执行杖刑、示众刑和驱逐刑;如果罪犯不是贵族或者为君主服务的人员,为执行上述刑罚必须获得省辖区办公室的批准;如果罪犯是这类人员,则必须获得省政府的批准。至于公共劳役,商人和艺术家也被纳入上述限制范围之内,只要他们在其他方面具有无可指责的品行和良好的名声。对于这些规定,有许多话可说,但是,为了尽可能简短地发表我的意见,在此仅谈以下几点。

第一,是否具有良好的名声和品行,这是难以准确判断的,而以上提到的条款似乎是让政治司法官员来作这种判断,这样一来,一切将取决于那个请求批准自己判决的人。

第二,杖刑、示众刑、公共劳役这些刑罚都是具有折磨性的,本应当排除在《刑法典》所规定的政治刑罚以外。但是,如果不得不把这些刑罚纳入进来,仅规定适用这类处罚时必须获得省辖区办公室的批准似乎不足以保障无辜者或者至少是罪行非常轻微者的安全,上述办公室的负责人在我们这里就是政治主任(intendente),他不在时就是主任助理。这样一来,作为一名初级政治司法官的基层法官,可以根据政治主任或者主任助理的批准,决定因某一政治犯罪对商人和艺术家实施杖刑或者示众刑,相反,在刑事犯罪的情况下,由多人组建的、一审的刑事审判委员会未经上诉法院批准不得施用这类刑罚。

第三,经省政府批准,贵族和在职人员可以被处以杖刑和示众刑,商人可以被处以公共劳役。我已经论述过对那些实施了政治犯罪的贵族、文明者科处类似刑罚的弊端,为了不再重复我所说过的话,我恳请阁下考虑一下这个问题:尽管在此类情况下,那些公民的命运看起来可能是由一个集体机构决定的,但是,阁下,请您以您那敏锐的洞察力,把政府委员会集体领导的形成方式以及每个成员个人表态的影响力与上诉法院的相应情况加以比较,通过这种比较您将迅速理解:政治犯罪人所处的境遇比刑事犯罪人的更为糟糕。

阁下具有非常伟大的心胸,不会责备我斗胆发表上述评论,这样的评论对于当前的情况肯定是不适用的,但是,在未来却可能出现突显有关弊端的情形。阁下比我更加了解下列情况:法律和法典的制定应能够经得起时间的考验,而不是为了迎合那些目前掌握着公共权力的人。

我写出这些思考仅仅是因为:我不但以服从作为我上峰的阁下向我下达的一切命令为荣耀,而且还以服从作为我的主人和保护者的阁下可能向我发出任何暗示为荣耀。此外,我恳请阁下宽恕这篇文字中所包含的错误和疏漏,它们都应归咎于我的才疏学浅,归咎于我潜心于刑事学科的时间还不长,并且对刑事学科我一直缺乏实践经验,归咎于我现在的任职条件和家庭条件,关于这些条件,阁下您是知晓的。

导读：贝卡里亚及其刑法思想

黄 风

1

刑法改革前的欧陆刑法

一位意大利学者曾说过这样一句名言:"罗马人是民法的巨人,刑法的矮子。"如果说这种"巨人"和"矮子"的比喻不是指两大部门法在规范量上的差别,而是形容它们内容的先进与落后之差距的话,用它来描述封建社会末期欧洲大陆法系国家民法和刑法的发展状况,倒也颇为形象。

罗马法、日耳曼习惯法和教会法作为西欧大陆国家刑法的主要渊源,在封建社会一千多年的发展进程中既相互对抗、排挤,又相互渗透、补充,特别是在封建社会后期,罗马法的国家至上主义、日耳曼法的报复主义和教会法的道义责任论日益紧密地联系成一个整体。如果说与中世纪刑法的主要倾向相比有哪些不同的话,那就是随着专制君主制的确立和加强,随着宗教改革后教会对宗教犯罪镇压的加强,国家至上原则和道义责任论在欧陆国家的刑事立法、司法和刑法理论中占据了更加绝对的统治地位。因此,罪刑擅断主义、酷刑威吓主义和对违背宗教道德规范的行为的迫害,在贝卡里亚写作《论犯罪与刑罚》一书之前的18世纪,已经发展到登峰造极的地步。

谈到罪刑擅断主义,法国是一个极为典型的例子。在

18世纪的法国,君主专制已经大大巩固,路易十四及其继承人按照"一个国王,一个法律,一个上帝"的宗旨,建立起强大的中央集权统治,总揽了立法、司法和行政大权。当时法律制度的基本原则就是:国王是一切正义的源泉。对于专制君主来说,统治权就意味着刑罚权,既然他的统治权是至高无上的,他的刑罚权也必然是不受限制的。

在13世纪以前,国王的司法权主要限于王室领地以内,领地以外的刑事司法权被委托给非王室法庭行使,包括领主法庭、城市法庭和教会法庭。从路易九世的司法改革开始,这些非王室法庭的权力不断削弱,国王法庭的管辖权不断扩大。王室法学家为了给君主干涉非王室法庭的审判活动提供借口,制造了三种理论。第一种理论是"王室案件论",根据这一理论,王室法庭对威胁国王所保护的地区的安全或者侵犯国王人身、财产或其他权利的犯罪拥有管辖权。到了18世纪,"王室案件"的范围已变得极为广泛,它包括犯上罪、亵渎神灵罪、异端罪、反抗国王或其命官指令罪、非法携带武器罪、非法结社罪、聚众闹事罪、王室官员的犯罪、伪造货币和文件罪、高利贷罪、虚假破产罪、强奸罪、通奸罪、堕胎罪、掳人勒赎罪、自杀罪、放火罪、一切在公路上实施的犯罪和由新教徒实施的犯罪。第二种理论是"保护论",它认为国王是一切司法权的源泉,国王有责任要求司法活动在一定期间内完成,如果非王室法庭审理的案件不能在规定的时间内审结,原告或王室法官可以要求王室法庭提审这些案件。第三种理论是"司法校正论",这一理论认为,国王仅仅委托法庭代理他行使司法权,他仍保持在诉讼的任何阶段进行干预的权力。国王可以确保原告的请求由某一特别法庭审理,并通过"赦免状""废刑状"或"恩赦状"撤销法庭的判决。

国王不仅通过王室法庭行使自己的罪刑擅断权,还采用"密封信令"随意将人投入监狱。所谓"密封信令",就是国王决定将人逮捕和送入监狱的手令,它只需国王签字、枢密大臣副署并加盖国王印玺,便发生效力。1735年,国王曾对一位艺术家发出密封信令,原因是这位艺术家在给一位骑士的信中竟敢不称他为"骑士"而称"先生"。这样的事例在法国不胜枚举,密封信令成为国王任意罗织罪名排斥异己的工具。路易十六的首相马札尔写道:"取消密封信令即意味着剥夺国王的一切权力。因为密封信令是国王迫使人们实现他的意志的唯一工具。"❶

由于刑罚权完全受君权支配,犯罪也就必然没有稳定的法律解释,而是以君主个人的意志为标准,这种意志有时由君主自己表达,有时则由其代理人法官表达。虽然法国在1670年颁布了一项《刑事条例》,但它仅对刑事诉讼程序作出了规定,而未具体规定主要的量刑标准。因而当时的刑法同诉讼程序有着特别密切的联系,"整个刑法都集中体现在检察官的'结论'和法庭的审判上"❷,"一切可能成为刑罚对象的事物都是犯罪,而法官认为应当处罚的一切事物又都可

---

❶ 转引自[苏]乌切夫斯基:《资产阶级国家刑法史》,人民大学刑法教研室译,北京政法学院刑法教研室油印本,第63页。

❷ 冯·巴尔等:《欧陆刑法史》(英译本),波士顿,1916年版,第264页。

以构成刑罚的对象"。❶ 谁拥有刑事诉讼的管辖权,谁就拥有决定实体刑法问题的权力。

由于刑法没有为法官提供明确的量刑标准,法官的自由裁量权是很广泛的。"刑罚以不同的方式加以适用,贵族被免除掉一些比较痛苦的和羞辱性的刑罚,某些刑罚完全留给法官去自由裁量。当法律有规定时,法官也可以修改或加重刑罚,唯一真正的限制是他们不能发明以前没有过的刑种。"❷在当时,证据不足并不导致完全的无罪释放,在这种情况下,法官可以宣布将被告人赶出法庭,而且不认为他是无罪的,被赶出法庭的被告人不能对原告提出控告,也不能要求民事赔偿。法官还可以对证据不足的被告人宣布进行补充调查,并可以继续关押在狱中一年或者直到获得新证据为止。

在18世纪的法国还有一种非常法庭,叫"宪兵队法庭",它们由治安宪兵队的官员主持。这种宪兵队在16世纪时是陆军司令部指挥的军事警察,它最初的职责是沿行军路线纠察,制裁对居民进行犯罪活动的士兵。1731年,一项国王公告宣布,宪兵队法庭有权审理部分犯罪,如流浪者、累犯和士兵的犯罪。后来它的管辖权进一步扩大,审理范围包括路途盗窃罪、强盗罪、某些夜盗罪、破门而入的亵渎神灵罪、聚众滋扰罪、武装结伙罪和伪造货币罪。对宪兵队法庭的判决不准上诉。直到这时,该法庭仍在陆军司令部的领导下。宪兵

---

❶ 冯·巴尔等:《欧陆刑法史》(英译本),波士顿,1916年版,第265页。
❷ 拉齐诺维奇:《意识形态和犯罪》,米兰,1968年版,第5页。

队直接拥有刑事司法权,使当时的社会更加充满了专制统治的恐怖气氛,整个国家简直就像是一座大监狱,公民的自由受到来自各方面的限制,刑罚随时都可能被君主的任何御用工具强加在人们头上。这种刑罚权的泛滥使法国成了地地道道的"警察国家"。这也正是当时处于专制君主统治下的欧洲国家的一个缩影。

在西欧封建社会末期,教会刑法也在极力维持并强化自己对社会的影响,它再一次同君主专制统治携起手来,专制君主们也认为教会刑法是维护自己岌岌可危地位的有力工具,这不仅是因为当时很多反对封建统治的斗争和群众运动都打着宗教的旗号,而且还因为宗教作为精神统治的工具,可以渗透进社会的各个领域和角落,君主可以借助道德制约和思想奴役使社会服从自己。在当时的欧陆国家,反对教会和宗教信条的犯罪是最严重的犯罪,它们在刑法上占有重要地位。这些犯罪主要是:

亵渎圣物罪(Sacrilege),它包括一切采取偷窃、损坏等方式侵害用于供奉上帝的物品的犯罪和一切在教会的"神圣之地"实施的犯罪,对这类犯罪的作案者包括共犯,一律处以死刑。

异端罪(heresy),它包括下列行为:为宗派信仰集会、由不具有神父身份的人主持洗礼、一切采纳或接受"冒称改革的"宗教的行为、帮助或者支持新教徒坚持自己的信仰、不遵守天主教的婚姻仪式、新教徒迁出英国、患病时拒绝接受精神帮助、信仰无神论等。对于大部分异端罪所处以的刑罚是火刑;对迁出英国的新教徒连同提供帮助者一般处以终身苦役。

巫术罪(magic 和 sortilege),它包括实施魔法、占卜未来、参加迷信活动以及任何含有对上帝不恭或侮辱言行的类似活动。对这类犯罪的刑罚,重者为火刑,轻者为鞭笞。

买卖圣职罪(simony),为了以后将自己的权利转让给他人而获取精神权利或宗教权利并履行有关宗教义务,以及用高压手段获取教会职位,对这些犯罪的刑罚是剥夺在犯罪中获得的好处和利益。

辱骂神明罪(blasphemy 和 profanity),即以文字或话语,将某种罪过推卸给"神明",或者否认神明的功绩,或者发表其他对上帝、圣母或圣人带有侮辱性的言论或文字,对辱神罪的刑罚一般是罚款。

除了上述直接侵犯宗教和教会的犯罪外,当时刑法中还包含一些违反宗教伦理观念的世俗犯罪,比如:

弑亲罪(parricide),它包括杀死父母、子女、配偶等亲属的行为,还包括溺婴、弃婴、隐避怀孕和仆人杀主人等行为。

自杀罪(suicide),自杀者的财产被没收,并对死者尸体提起诉讼和执行刑罚。

通奸罪、纳妾罪和重婚罪,对犯上述罪行的妇女所处的刑罚是禁闭于修道院,对男子则可以处以死刑。

乱伦罪(incest),即有血缘关系的人之间发生性关系,根据当事人血缘关系的近远,分别处以羞辱刑或死刑。

在西欧封建社会的刑法中,基督教的教义和观念,是它们的灵魂和基本准则。即使在18世纪中期被认为比较宽和的1751年《巴伐利亚刑法典》也仍然规定:对"完全有意制造、支持和顽固维护违背基督教信条的意见的"异教徒,处长期驱逐或监禁,直到他们承认并且放弃自己的错误为止。在德国,当统治者遇到一些疑难案件时,"经常把问题提交给僧侣,征求他们的意见。这种做法一直保持到18世纪"。❶

在宗教的统治下,欧洲大陆法系国家的刑法完全成了统治阶级禁锢人们思想、限制人的言论和行动自由、强制推行禁欲主义的工具。刑法规范制约着人们生活的各个细节,它同统治阶级的道德规范混淆在一起,没有一个确切的法定标准,人们可以根据占统治地位的道德信条来判定一个人是否有罪、罪轻还是罪重。

在封建社会后期,由于犯罪被视为与君主和宗教的统治地位相敌对的行为,因而对它们的刑罚也就特别严厉和残酷。死刑是被普遍使用的,它不仅适用于严重的犯罪,也常常适用于一些较轻的犯罪以及一些被今天的西方刑法规定为违警罪的行为,如盗窃罪、流浪罪、非法携带武器罪和一些违反狩猎法的行为。法国1651年的一项法令规定:对于停留在巴黎及其郊区的所有流浪者处以严厉刑罚,初犯者用鞭子责打,再犯者即处以绞刑。德国的《卡罗林那法典》规定,对入户盗窃和携带武器盗窃者,不问窃取财物多寡,一律处以死刑。

在当时经常使用的死刑执行方式有火刑(即把犯人绑在火刑柱上烧死)、绞刑、砍头、轮刑等。统治者为了加强刑罚的威吓性,不断变换着花样,竭力把死刑搞成一种残酷

---

❶ 冯·巴尔等:《欧陆刑法史》(英译本),波士顿,1916年版,第228页。

的、令人毛骨悚然的表演。比如,把人夹在两块木板中间捆起来,然后用锯锯成几段。把受刑人的身体用灼热的钳子撕开,从伤口将滚烫的锡液灌进去。然后将他的手脚绑在4匹马上,裂为碎块。法国哲学家福柯(M·Foucault)在其著作《规训与惩罚》一书中,向人们描述了一次恐怖的行刑场面:

1757年3月2日,犯大逆罪的达免氏被判处"谢罪之刑"。犯人被装在货车上,只穿一件衬衫,手持一根两磅重的燃烧的蜡烛,经过巴黎教堂到格列夫广场,在那里的行刑台上,要用烧红的钳子将他的肉从胸部、臂部、股上、腿上拉下来,他犯罪的右手拿着用硫磺烧红的刀子,在他的肌肉钳开之处,泼下熔化的铅,沸腾的油,燃烧的树脂、蜡与硫磺等融在一起,然后,将他的身体拖下来,用4匹马来加以四分,而他的四肢也就在火油上变为灰烬,散入风中。可是,最后四马分尸的手术费时甚长。4匹马拉不好,结果改为6匹马,这还不够用,结果为了切开犯人的两股,只好割裂他的腱子,而用斧头砍那关节之处。❶

这里所描述的酷刑,其残酷程度大大超过了我国封建社会后期所使用的"凌迟"刑。

身体刑也是经常采用的刑罚。身体刑分为痛苦性的和非痛苦性的;痛苦性身体刑又包括致残性身体刑,如割掉舌头或在舌头上穿洞、切除嘴唇、割掉鼻子、砍去或烧掉手和非

---

❶ 转引自胡秋原:《论中西文化异同与中国未能完成美法式革命之故》,载《中华杂志》1985年第23卷,总269卷,第34页。

致残性身体刑如黥刑（一般为苦役刑的附加刑）、鞭笞（一般为放逐刑的附加刑）、戴铁项圈和桔在站枷上。所谓非痛苦性身体刑即指监禁和苦役。

另一种侮辱人格的刑罚叫羞辱刑，这包括：强迫罪犯戴高帽子游街、在高台上示众、光着头跪在公众面前接受斥责和羞辱、剥夺公共职务和特权、当众焚烧逆反作品等。

对累犯的处罚是很严厉的，法国国王1666年颁布的《关于处罚辱骂神明罪的法令》足以说明这一点，它规定对首次犯该罪者处以罚金；第二次犯罪者，罚金额翻一番；再犯者，再翻一番；第四次犯罪者，桔在站枷上示众；第五次犯罪者，被割掉嘴唇示众；第六次犯罪者割掉舌头。酷刑对少年犯也同样适用，一名被认为偷窃了少量小麦的法国16岁的少年，被判处鞭笞，为了记录他这次行为以便再发现他犯罪时给予更严厉的刑罚，法庭决定在这位少年的右肩上用烙铁印上一个"V"字，即voleur（小偷）的缩写。

以上我们简略地考察了封建社会末期欧洲大陆法系国家刑法的历史渊源和基本特点。从上述考察中，我们可以看出：在西欧封建社会，由于社会还处于不发展阶段，各种社会调节手段还没有形成层次分明、功能互补的有序的体系，因而刑法尚未取得独立的地位，它同各种习惯、宗教信条及道德规范混杂在一起；犯罪与道德过错和宗教"罪孽"之间，刑罚与各种性质的纪律处分和治安行政措施之间，还没有明确的分界线。这种刑法渊源的混杂性导致刑罚权的多元性和无限性以及刑罚的残酷性。随着资本主义生产关系的不断发展，新兴资产阶级日益强烈地要求自己的财产权利、人身自由以及他们所创建的生产方式和生活方式得到国家的保护,要求刑法彻底摆脱与自己价值观念相对立的宗教观念和封建政治伦理观念的束缚,并以资产阶级的政治学、哲学、伦理学思想为基础,实现自身的解放和独立。刑法改革已成为越来越紧迫的社会需要。

2

启蒙运动、韦里兄弟和贝卡里亚

法国18世纪启蒙运动是欧洲资产阶级继"文艺复兴"以来第二次思想解放运动。它的一大特点是自然科学与社会科学结成了战斗同盟,人们在用科学的最新发现说明自然界的客观存在和规律的同时,也轻蔑地撕下了罩在上帝这一超自然物头上的神秘面纱,中世纪以来的神学教条受到最彻底的批判。在启蒙思想家眼里,人和自然界一切事物一样有照自身规律自由发展的权利,一切违背人性的禁欲主义统治都是应当推翻的暴政。他们"不承认任何外界的权威,不管这种权威是什么样的。宗教、自然观、社会、国家制度,一切都受到了最无情的批判;一切都必须在理性的法庭面前为自己的存在作辩护或者放弃存在的权利"。❶

启蒙运动把千年来形成的封建的和宗教的价值观念来了次大颠覆,以前被斥为"罪恶"的对物质利益的追求,现在被尊为崇高的美德,被看做是推动人类文明进步的动力。新的价值观念一下子冲垮了旧刑法学说的基础,人们在坍塌的

---

❶ 恩格斯:《反杜林论》,载《马克思恩格斯选集》(第三卷),人民出版社1972年版,第56页。

废墟中发现旧的刑事制度是何等可憎和可悲:它们挖空心思设计出无数酷刑,而用此去惩罚什么,这个问题连它们自己也没搞清楚;多少世纪以来,它们就是凭着一些虚伪无聊的神学教义、飘忽不定的道德信条和喜怒无常的个人意志,把无数过着正常生活的无辜者送上绞刑架,绑上火刑柱,它们用人类自己设计和制造的刑具,为人类的进步、经济的发展和文化的昌明设置屏障;那些混混沌沌的立法者和执法者,用一些含糊不清的禁令使广大群众生活在朝不保夕、人人自危的险境之中,社会秩序和安定因此而受到自己的维持工具的破坏。

什么是犯罪？衡量犯罪的标准是什么？什么是刑罚的本质和目的？刑罚如何才能不成为暴政的工具？刑事立法和司法应当遵循哪些原则才能造福于社会？这些问题已经严肃地向人们提出。法国启蒙思想家们由于在一条相当广阔的思想战线上同旧势力作战,因此还来不及从理论上系统和精确地回答和论证这些问题,但是,他们及其思想先驱们提出的唯物主义哲学、人道主义伦理学、自然法理论及权力分立的政治学说却为回答这些问题提供了丰富的思想素材和理论依据。当然,他们的思想闪光也不时地射入这一死角,给试图系统解答这些问题的人以启迪。

法国启蒙思想家不但为刑法启蒙提供了思想武器,而且一些人还亲自参加了反对司法暴行的斗争,其中最值一提的是伏尔泰。1762年一位信仰胡格诺派教义的法国商人卡拉斯被指控杀死了自己的皈依天主教的儿子,实际上他的儿子是自杀身亡的,尽管卡拉斯在两次刑讯中都极力说明自己是无辜的,但法庭还是判处他死刑,3月9日他被辗死于车轮之下。他的亲属也受到株连被捕入狱,财产被没收充公。伏尔泰得知此事后,和朋友们一起猛烈抨击政府制造了一起"司法谋杀事件",强烈要求撤销判决,释放卡拉斯亲属。伏尔泰等人的一系列斗争有力地推动了反对旧刑事制度的活动的发展。1777年,当瑞士的伯尔尼经济协会就制定新的刑法典问题举行有奖征文时,伏尔泰又拿出自己的钱把奖金额翻了一番,鼓励人们积极参加讨论,并带头直抒己见。

在18世纪60年代,随着启蒙思想不断深入人心,越来越多的人包括当时统治集团中的一些有识之士对旧的刑事制度产生了厌恶、怀疑和不满,刑法改革的思想条件和社会条件正日趋成熟,现在只待有人去扯下旧刑事制度最后的遮羞布,让其蒙昧主义的本质暴露无遗,并根据新的社会需要,运用启蒙运动所倡导的自由、平等和人权的观念阐发新的刑法原则。谁将承担这一使命呢?1764年欧洲惊呆了,一系列振聋发聩的批判和一系列鼓舞人心的刑法原则,竟然完美地浓缩在一本7万字的、题为《论犯罪与刑罚》的小书之中,这本书的作者是一位26岁的意大利青年,名字叫切萨雷·贝卡里亚。

切萨雷·贝卡里亚(Cesare Beccaria),1738年3月15日生于米兰。他的家庭原籍是帕维亚,据说14世纪贝卡里亚家族的成员曾获得过对那里的统治权,18世纪初被授予侯爵的称号。他祖母去世时留下了丰厚的遗产,因此,从他父亲开始,在"贝卡里亚"这一姓氏前加上了他祖母的姓"波内萨娜"(Bonesana)。依靠遗产和其他家庭收入,贝卡里亚出生后一直过着贵族的富裕生活。作为长子,贝卡里亚还有两个弟弟和一个妹妹。

8岁时,贝卡里亚被送进帕尔玛的一所耶稣会学校上学。他十分厌恶那里的宗教课程,但却以在数理课程中表现出的天赋而出类拔萃,同学们给他起了个绰号——"小牛顿",学校的老师也承认他具有非凡的想象力。

在帕尔玛度过8年后,贝卡里亚进入帕维亚大学攻读法律专业,于1758年9月13日毕业。毕业后回到米兰,加入了当时很时髦的一个文人俱乐部"被改造者学社",在那里,他认识了许多上流社会的青年知识分子和作家,包括后来对他影响很大的民主主义者、经济学家彼得罗·韦里(Pietro Verri)。在俱乐部里,贝卡里亚常撰写一些针砭时弊的打油诗,但没有留下什么惊人之作。

1760年,年满22岁的贝卡里亚爱上了一位16岁的活泼、漂亮的姑娘特雷莎·布拉斯克(Teresa Blasco),决定要与这位姑娘结婚,但遭到他父亲的坚决反对。因为他父亲不喜欢特雷莎的军人家庭,认为她的家庭地位低下,与贝氏家庭不门当户对。不管贝卡里亚怎样争辩,特雷莎的父亲怎样劝说,老侯爵仍固执己见,命令贝卡里亚断绝同特雷莎的来往。贝卡里亚进退两难;他知道,如果违抗父意与特雷莎结婚,将导致与父母关系的破裂,并丧失自己的继承权。他一度动摇,写信给未婚妻请求与她脱离关系。但是,他很快又战胜了软弱,决心不惜任何代价与特雷莎结合。1761年2月14日,贝卡里亚写信向父亲表明了这一决心;几天后,同特雷莎结了婚,并毅然离开了仍持反对态度的家庭。

一旦失去家庭的经济支持,贝卡里亚立即陷入困难之中。钱很快花完了,特雷莎的嫁妆也很微薄。1年后,小家庭便债台高筑,处境艰难。这时,贝卡里亚的好朋友彼得罗·韦里了解到这些情况,开始为恢复贝卡里亚与父母的关系进行斡旋,并说服贝卡里亚不要意气用事。为此,他精心安排了一场破镜重圆的喜剧:一天晚饭时分,贝卡里亚携妻装作偶然地经过父亲家门,佯称妻子突感不适,将其扶进父家。正准备吃晚饭的全家人得知后都围了上来,帮助照料。特雷莎第一次在贝卡里亚父母家感受到这种温暖,感动得掉下眼泪。感情的交流融化了一切前嫌,贝卡里亚夫妇终于得到了父母的谅解,高兴地搬回家和父母一起生活。

彼得罗·韦里是一个有着强烈民主自由思想的知识分子,比贝卡里亚大10岁。他的兴趣极为广泛,而且雄心勃勃,不甘心在被改造者学社默默无闻,宁愿单独成立一个以他自己为中心的俱乐部,把有为的青年知识分子吸引到自己周围。他在自己家中成立了一个叫做"拳头社"的小团体。

贝卡里亚也参加了这个小社团。成员还有韦里的弟弟亚历山德罗以及几位年轻的数学家、法学家和经济学家,都是些血气方刚、风华正茂的青年。他们每晚聚会,阅读和讨论他们感兴趣的作品,尤其是卢梭、孟德斯鸠、伏尔泰、休谟等启蒙思想家的作品。至今,他们的藏书中还留有他们作的各种批注。贝卡里亚十分敬佩韦里,韦里也很赞赏贝卡里亚的才能。在1762年4月6日的一封信中,韦里写道:"我正在挑选一批有天才的青年人,其中有个叫贝卡里亚的侯爵,他很浪漫,有丰富的想象力,加上他对人类精神的刻苦研究,使他出类拔萃……他是位有造诣的代数学家、优秀诗人,有独辟蹊径的头脑,只要懒惰和灰心丧气不抑制他。他每天到我这里来,在闲谈之余,我们便在房子里安静地学习。"

拳头社的成员之间经常发生激烈的争论,贝卡里亚总是认真而固执。尽管他很佩服韦里,却从不接受韦里的观点,总是巧妙和顽强地为自己的见解辩护。他也常同亚历山德罗争得面红耳赤,几乎每次都是亚历山德罗在贝卡里亚雄辩的攻势下作出让步。他们讨论的议题一般是文学或科学方面的问题。对于 24 岁的贝卡里亚来说,拳头社的活动对他的思想启蒙和视野扩展起着十分重要的作用。

1762 年 7 月,贝卡里亚与特雷莎的第一个女儿朱莉娅出世了。几乎与此同时,贝卡里亚发表了他的处女作《论米兰公国 1762 年货币混乱及其救治》,这是根据韦里的建议撰写的。米兰作为当时的贸易和金融中心,多种货币自由流通,汇率的投机活动泛滥成灾,这个问题一时成为经济学家和金融专家研究的焦点。贝卡里亚对此提出了自己的见解。他考察了各种货币的含金量,设计了一个以含金量为基础计算货币价值的数学公式,并且根据公式计算出各种货币之间的比价。贝卡里亚方案的思路受到了金融界的肯定和重视。但是,贝卡里亚计算出来的比价不够准确,因为他采用"格令"(重量单位,等于 64.8 毫克)作为计算含金量的单位,却没有考虑到在不同的国家和不同的造币厂里,"格令"并不是统一的重量单位,而是既有差异,又常变化。尽管存在着这一失误,贝卡里亚的这部著作还是引起了学术界和行政当局的兴趣和注意。1763 年 2 月,在一定程度上采纳了贝卡里亚建议的一些金融改革措施出台了;随后,金融改革计划于1777年全面展开。这本书为当时的金融改革作出了一定的理论贡献,贝卡里亚也在学术界崭露头角。

从1763年开始,贝卡里亚文思涌动,打算再写一本书。拳头社的伙伴们也为贝卡里亚优美的文笔、雄辩的论理、严谨的逻辑和丰富的想象力所折服,建议把他们经常讨论的一个敏感议题——对刑事立法的批判——交给贝卡里亚去写。韦里认为这是一个"最适合雄辩和富有想象力的人的题目"。1763年3月,贝卡里亚秣马厉兵,着手为写作准备素材。

贝卡里亚虽然毕业于法律专业,但对当时的刑事制度却缺乏直接和深刻的了解,在这方面给他以重要帮助的是韦里的弟弟亚历山德罗,后者曾担任过"囚犯保护人"的职务,这是当时授予贵族人员的荣誉职位。担任此职务的人要定期巡视监狱,会见囚犯,为囚犯申诉不平,还可以根据一定的理由要求对囚犯减刑或释放。亚历山德罗是当时最年轻的"囚犯保护人",他在行使职权时了解到当时刑事制度中种种黑暗的、残酷的和蒙昧的情况,并把这些情况介绍给贝卡里亚和拳头社的同伴们。

贝卡里亚一边收集有关刑事立法和司法实践的素材,并根据讨论的要点进行构思,一边进行写作。从1763年3月到1764年1月,贝卡里亚时而住在韦里家中,时而躲在乡间,时而又回到米兰父母家中,全身心地投入写作。他进行的是一项十分艰苦的工作,既需要同伴们的启发、鼓励和帮助,又需要在安宁僻静的环境下,让自己头脑中理性和智慧的火花充分地迸发和闪烁。

1764年4月,贝卡里亚的手稿被送到里窝那的奥贝尔特(Aubert)出版社。3个月后,即1764年7月16日,散发着油墨芳香的样书摆在了贝卡里亚和拳头社同伴面前。样书上既未署作者的名字,也没有印上出版社的名字,只是赫然印着那个后来震动了全世界的响亮书名:论犯罪与刑罚。

意大利现代史教授瓦尔塞基认为,《论犯罪与刑罚》这本书,"是从一个先进知识分子集体的内部对话中产生的,在一定意义上而且在一定程度上,它是集体的作品"。❶ 我认为这一论断是有一定道理的。《论犯罪与刑罚》的问世,同拳头社成员尤其是韦里兄弟的启发、帮助和鼓励是分不开的。彼得罗·韦里在一封信中描述了当时写作的过程:"我建议他(指贝卡里亚)写这个议题,大部分的有关思想来自贝卡里亚、亚历山德罗、兰贝滕吉和我本人的讨论。"贝卡里亚"开始先在活页纸上记下自己的思想,我们热情地督促他继续写下去,这使他很快积攒了很多观点。晚饭后我们出外散步,讨论刑法学中的谬误,互相争论,提出问题,夜晚他伏案写作"。在同伴们的鞭策下,贝卡里亚当时确实以战斗的姿态全身心地投入到写作之中,他的懦弱、羞怯、遁世哲学被内心中追求真理的激情所压倒。韦里继续描述道:"写作对他来说是很辛苦的,他花费了很大的精力,写一个小时后就瘫软下来,不能再写下去了。当草稿积累起来后,我帮助他誊写,按次序

---

❶ 乔万尼·利昂纳:《纪念〈论犯罪与刑法〉发表二百周年文集》,意大利林琴科学院1965年版,第126页。

整理，就这样形成一本书。"❶《论犯罪与刑罚》出版后，贝卡里亚于1764年12月13日给彼得罗·韦里写过一封信，并把自己为再版此书所作的修改和补充一并寄去，他在信中写道："请你自由删减、增补、修改，这将给我以巨大的裨益和愉快。"❷从这短短的几句话中可以看出，贝卡里亚是很重视和尊敬韦里的意见的，直到此时，他们在思想上一直保持着相互交流与协调一致。

韦里兄弟对贝卡里亚的帮助还表现在他们对《论犯罪与刑罚》一书的保护上。书出版后不久，教士安杰洛·法基内（Angelo Fachinei）就受威尼斯共和国大议会的委托，撰写了《对题为〈论犯罪与刑罚〉一书的评注》，对书和作者进行恶毒攻击，指控贝卡里亚是"宗教和基督教的敌人""恶劣的哲学家和坏人"。在当时，这种指控是很致命的，作者可能因此受到宗教裁判所的追究，并遭受残酷的刑罚。这时贝卡里亚表现得很惊慌失措，他在一封信中写道："当看到我的书被出版后，我打了一个寒战，对被驱逐出米兰的恐惧使我辗转不眠。我感到连最廉正的法官也可能善意地对我进行谴责，因为我在未经政府批准的情况下谈论了犯罪与刑罚问题。当以后神父们对我进行陷害时，我就再不能生存下去了。"❸而这

---

❶ 转引自亨利·鲍罗斯为《论犯罪与刑罚》1963年英译本撰写的介绍文章，第XIV页。

❷ 转引自鲁道夫·蒙多尔福：《切萨雷·贝卡利亚》，佛罗伦萨，1960年版，第39页。

❸ 乔万尼·利昂纳：《纪念〈论犯罪与刑罚〉发表二百周年文集》，意大利林琴科学院1965年出版，第131页。

时,韦里兄弟却毫不畏惧地站出来应战,他们夜以继日地赶写了《对评注的回答》,驳斥法基内的指控,并立即出版付印,在法基内的书在米兰出现后的第六天,这本与《论犯罪与刑罚》篇幅相同的答辩性论著也在米兰问世了(它的署名是贝卡里亚)。它成功地获取到一些上层人物的同情,他们出面庇护,使得《论犯罪与刑罚》及其作者免遭厄运。

关于法国启蒙运动学者以及韦里兄弟对自己的影响,贝卡里亚在1766年1月26日写给莫雷莱的一封长信中进行了如下描述:"我皈依哲学是在5年之前,即当我阅读《波斯人信札》之时。给我精神以深刻印象的第二本书是爱尔维修的著作;是他用力地将我推上寻求真理的道路,并且第一次引起我对人类的盲目和苦难的关注。我应当把我大部分思想归功于阅读《论精神》一书。布佛的伟大著作为我打开了自然的殿堂,阅读狄德罗的著作给我以促动和启发。休谟深刻的形而上学对我来说是个启迪,它使我的精神境界得到升华。我最近以无限的乐趣阅读了他的18卷历史著作。他是一位哲学家、政治家和第一流的历史学家……至于达兰贝尔,我的数学还算精通,因为我能重视这位杰出人物的伟大发现。我把他看做本世纪最伟大的几何学家。

我过着一种安宁而孤独的生活,如果可以把选择使精神和心灵处于不断运动中的朋友作伴侣称为孤独的话。我们有同样的追求和同样的喜好。这使我在自己那依然沉沦在古代祖先遗留的偏见中的祖国不再感到是个被流放者。米兰人对于那些想让他们生活在18世纪的人并不宽厚。在这个拥有12万居民的首都,勉勉强强地有20人愿意陶冶自己的情操,并热爱美德和真理。我的朋友和我本人都相信:定期刊物是鼓励不能专心致志的人去阅读的最好手段之一,所以,我们着手按照英国《观察家》的模式出版一份报纸……有一些文章是我和彼得罗·韦里——一位心灵和头脑都品质高尚的人,我最亲密的朋友——写的,是他鼓励我写作。我没有把《论犯罪与刑罚》的手稿付之一炬,也应归功于他,他亲手帮我誊写这些手稿。"

3

犯罪——特定环境下趋利避害的选择

贝卡里亚的刑法学说有一个特点,它不以任何实在法为基础,也就是说,它不是根据当时存在的刑法的体系和原则去探求它的精神并系统地注释其条文。贝卡里亚的刑法学说基本上可以分为两部分,一部分是刑法哲学,它根据哲学原理探讨并解释什么是犯罪,什么是刑罚,人为什么犯罪,社会为什么需要刑罚等刑法范畴的基本概念和问题,这种哲学解释由于综合了大量人类认识的新发现,因而比纯粹的法律解释要深刻得多。另一部分是刑事政策,它根据对基本刑法概念和问题的哲学探讨和解释提出犯罪控制的法律对策,比如,根据对刑罚本质的哲学认识,提出为发挥其效能在立法和司法中所应当遵循的规则。

贝卡里亚从唯物主义的感觉论出发,认为人的意志是受物质生活需求支配的,因而人同自然界的一切存在物一样受自然规律的支配,自然物体所遵循的力学规律也同样影响着人的意志和行为。他写道:"促使我们追求安乐的力量类似重心力,它仅仅受限于所遇到的阻力。"❶个人之所以为自己

---

❶ 见本书第 21 页。

的享乐而破坏社会契约,是因为支配其行为的是"物质和精神世界所共有的涣散原则"。❶

注意到贝卡里亚在解释人为什么犯罪时的决定论倾向,约翰·哈根指出:"贝卡里亚注重犯罪的两个首要原因——经济条件和坏法律。一方面他指出,财产犯罪主要是由穷人实施的,并主要出于必要性。另一方面他认为,对某一犯罪的过于严厉的刑罚可以遏止一些人犯罪,但同时却使另一些犯罪在对比中具有吸引力。因而他认为,严酷的法律可以通过减少人道精神来促使人犯罪。"❷哈根的论述是有充分根据的,的确,贝卡里亚并不是简单地以意志自由论来回避对犯罪原因的探讨,相反,他从机械唯物论的立场出发竭力说明各种政治的、经济的和社会的因素和条件与犯罪之间的必然性联系。虽然《论犯罪与刑罚》一书没有设专章探讨这一问题,但如果把分散在各章中的论述集中起来,人们可以发现贝卡里亚的解释贯穿着统一的机械决定论观点。

为什么会出现强盗和杀人犯?贝卡里亚借犯罪人之口说,是因为穷人和富人之间有一条不可逾越的鸿沟:富人对穷人不但一毛不拔,而且还使他们遭受着空前的痛苦,"他们眼看着儿童们在饥饿中哭号,妇女们在伤心落泪,却连一块发了霉的面包也不肯拿出来"。面对这种巨大的不平等,一些人就决心以自己的勇敢和冒险去恢复自然的独立状态,获

---

❶ 见本书第 11 页。
❷ 约翰·哈根:《现代犯罪学》,麦格劳-希尔出版社 1985 年版,第 13—14 页。

得自由愉快的生活。他们以自己的行为"纠正命运的荒谬，让那些暴君在被他们的奢侈侮辱得还不如他们的马和狗的人面前，面如土色、失魂落魄"。❶

为什么会出现偷窃活动？这同样是由于财产的不平等所造成的。一无所有的人为了维持自己的生存，必然会采取一切手段满足生活的需求。因此，"一般说来，盗窃是一种产生于贫困和绝望的犯罪，是不幸者的犯罪，所有权（可怕的、也许是不必需的权利）为他们保留的只是一贫如洗的地位"。❷

为什么会出现走私活动？因为关税越高，渔利就越大；随着警戒范围的扩大和商品体积的缩小，人们走私的欲望和走私本身的便利性都在增长，走私成了比盗窃更加安全、可靠并能获得更多"油水"的牟利活动。人们这种冒险活动的规模是同他们"侥幸获取的利益"成正比关系的。❸

为什么会出现通奸现象？因为"在一些地方，世袭的偏见维系着婚姻关系，家庭的权威使人结合和分离"；另外，人的性需求却是"先天的"，"甚至是社会的奠基石"，异性间的吸引力往往随着阻力的增长，变得更加强烈和旺盛。因此，在那些没有结婚和离婚自由的地方，性需求的满足就采取通奸这一非法的形式实现，"脉脉秋波悄悄地切断了婚姻关系，而世俗道德对此也无能为力"。❹

---

❶ 见本书第80页。
❷ 见本书第62页。
❸ 见本书第99页。
❹ 见本书第93页。

为什么妇女会犯溺婴罪？这也是基于趋利避害的本性作出的必然性选择。溺婴的妇女一般都是未婚的母亲，私生子会给母亲以致整个家庭带来耻辱。妇女在"面临或者蒙受耻辱或者杀死一个还不能感知灾难的生命这一抉择时，怎么会不选择后者，而选择那条必将使她自己和她不幸的婴儿遭受痛苦的道路呢？"❶

……

贝卡里亚还注意到，人的欲望、性格和风俗同所在国的气候、人口及地理条件有着密切的联系。他认为人的性欲"在相同的气候条件下，保持着一个稳定的恒量"❷，法律如果违背这一自然规律，性欲的满足就会采取非法的途径实现。犯罪同国家地域的扩大成正比关系，由于帝国是通过对其他国家的征服来扩张自己的领土，因而"越轨行为是随着帝国疆土的扩大而增长的。由于民族感情被随之削弱，个人能从自己的越轨行为中捞到好处，增强了犯罪的推动力"❸。人口的增加也常常是导致犯罪率提高的因素，因为一个国家的人口越多，私人利益就越错综复杂地交织在一起，就越难以使它们直接同公共利益相结合，"每个成员变成整体中越来越小的一部分。如果法律不注重增进共和国情感，这种情感将随之减退。社会，就像人的身体一样，也有自己的发展限度，超越了这些限度，必然会引起经济上的紊乱"❹。

---

❶ 见本书第94页。
❷ 见本书第93页。
❸ 见本书第21页。
❹ 见本书第72页。

贝卡里亚相信人的行为受环境影响的另一个证明是他特别注重教育的作用。他同爱尔维修一样认为教育是万能的。贝卡里亚明确指出,完善教育这个问题"同政府的本质有着密切的联系"。在愚昧野蛮的社会里,固陋的迷信压迫着人道;吝啬和野心用人类的鲜血涂饰着少数人的金柜和王位;到处发生着隐蔽的背叛和公开的残杀;贵族成了平民的暴君;福音真理的牧师每天都用沾满鲜血的双手抚摸慈善的上帝。这一切都只能教人以虚伪、奸诈和残暴。国家依靠酷刑维持其统治,实际上是在树立残暴的榜样,纵容人类流血,并使人的心灵变得麻木不仁。在这种残酷的环境下人们得到的教育是什么呢?他们也许会这样想:"杀人被说成是一种可怕的滔天大罪,我们却看到有人在心安理得地实施它。这一事例使我们受益匪浅。过去,我们根据一些描述,把暴力致死看做一种可怕的场面;然而,现在我们却把它看做是一瞬间的事情。对于那些并不等待死亡,因而几乎尝不到死刑痛苦的人来说,这种事情就更不算什么了。"❶因此,刑罚最残酷的年代和国家往往就是行为最血腥、最不人道的年代和国家。犯罪往往是社会自己教给人们的,是社会的野蛮和蒙昧状态的自身产物。

既然社会的政治和经济条件以及文明状况是造成犯罪的重要原因,在贝卡里亚看来,铲除犯罪的根本办法就是改善这些条件和环境。国家应该用民主取代专制,使法律不是为某些阶层服务,而是为全体人民服务;努力提高同每个公

---

❶ 见本书第 82 页。

民密切相关的福利,使福利资金的雄厚程度成为周围国家所无法比拟的;采取一切办法消灭或减少可能引起动乱的社会因素……同这些预防犯罪的积极措施相比,刑罚只不过是一种消极的措施,它只不过是通过"易感触的力量"给人以肌肤之苦来抵消犯罪的促动力,它不可能消除犯罪的根源,甚至如果使用不当还可能成为新的动乱的原因。贝卡里亚写道:"我并不希望减少对上述犯罪所应当施加的正当威慑。然而,当我指出它们的根源时,坚信能从中得出一个普遍的结论:只要法律还没有采取在一个国家现有条件下尽量完善的措施去防范某一犯罪,对该犯罪行为的刑罚就不能说是完全正义的(即必要的)。"❶

---

❶ 见本书第94页。

4

法律责任与道德责任的分离

在《论犯罪与刑罚》一书中,人们可以不时读到作者对享乐、奢侈、自爱的颂扬和为它们的辩解。在贝卡里亚眼中,追求享乐的奢侈"产生了最温和的美德:人道、慈善以及对人类错误的容忍心",而传统道德所崇尚的"古朴",却不断制造着愚昧和暴行。他把公共利益解释为私人利益的总和,照此推论,对私人利益的追求只要限度得当,也可以成为对公共利益的增进。贝卡里亚甚至认为,在有些社会存在的犯罪说明这些社会具有活力,它的成员具有"勇气"。"重大的犯罪和伟大的美德将并驾齐驱。由此得出一个重要的结论:重大的犯罪并不总预示着一个国家的堕落。"❶ 国家不应当而且也不可能杜绝人们在追求幸福时所发生的一切纠葛和越轨行为,"如果必须禁止有可能引导我们犯罪的一切,我们的境况将会怎样呢? 那就非得让人们不要去使用自己的感官了"。❷ 他认为,刑罚作为一种"政治约束",其作用只在于当人们为追求个人欲望而相互发生冲突时,阻止恶果的产生,

---

❶ 见本书第 91 页。
❷ 见本书第 115 页。

但是它绝对不追究人的内心欲望,"不消灭冲突的原因,因为这种原因是人的一种不可分割的感觉"。❶ 既保护个人的自由,又维护了社会的必要秩序;既承认个人的欲望是人自然本性的正常表现,又要求防止这种欲望的冲突使社会陷于混战。这是贝卡里亚刑法学说的核心思想。要掌握好这一微妙的界限,必须依靠对行为与社会的利害关系的精确计算,而听信不得对行为人内心"邪恶"程度的道德判断。

刑法迫切需要摆脱神学教义和传统的道德观念的束缚、干涉和纠缠,但是,贝卡里亚还缺乏足够的勇气像马基雅维利那样公开宣称,为了实现目的可以抛弃一切道德羁绊,他不敢公开否定和排斥宗教的和道德的规范在社会生活中的调整作用,因为他不愿意被人视为作乱者,更害怕像布鲁诺那样被宗教裁判所处以酷刑;当然也有可能是为了使自己的学说更容易为人们所接受。聪明的贝卡里亚提出了一个"管辖分工"的理论,他首先承认,神明启迪、自然法和社会的拟定契约是产生人类社会的调整原则的三个源泉,就其目标的主导性来说,前者与后者是不可比拟的。在作出上述令人放心的确认之后,他立即提出了实质性论点,"然而,并不是由一者所得出的所有结论和义务,也同样由其他两者那里得出。并非启迪所要求的一切,自然法同样要求;也并非自然法所要求的一切,纯社会法也同样要求。不过,把产生于契约即人们确认或默许的公约的东西分离出来,倒是极为重要的,因为,它的力量足以在不肩负上天特别使命的情况下,

---

❶ 见本书第21页。

正当地调整人与人之间的关系"。❶贝卡里亚这里所说的"神明的启迪",是指神学教义;所谓"自然法",实质上是指道德,在贝卡里亚看来,这种自然法同神法一样,本质上"是永恒不变的";所谓"社会的拟定契约",正是指人定的世俗法律。人定法所反映的"是行为与千变万化的社会状态间的关系,它可以根据行为对社会变得必要或有利的程度而变化"。❷ 这三类规范不但在性质和内容上不同,而且还各自担负着不同的任务,宗教和道德的任务是根据行为内在的善或恶来确定正义与非正义的界限,而人定法的任务则是确定政治上的正义与非正义的关系,"即行为对社会的利弊关系"。

那么,犯罪是道德评价的范畴,还是法律评价的范畴呢?贝卡里亚采用当时的启蒙学者都很欣赏的"自然状态"和"社会状态"的理论来说明这个问题。根据这一理论,人们最初处于离群索居的"自然状态",在这种状态下,人们相互之间经常为争夺生存条件发生冲突、侵犯和争斗,但这不叫"犯罪",贝卡里亚宁愿称此为"战争",战争的双方都是主权者,都可以自由地为各自的生存而争斗,谁也不受旁人权利的支配。霍布斯干脆把自然状态称为"一切人反对一切人的战争"状态;洛克则认为,进行这种战争是人的"自然权利"。这就是说,在自然状态下,杀人、抢劫、强奸以及对这些侵犯活动的报复都属于行使自然权利的行为。贝卡里亚接着说:人

❶ 见本书第5页。
❷ 见本书第6页。

们逐渐被连续的战争状态搞得筋疲力尽,也疲于去享受那种由于朝不保夕而变得空有其名的自由,因此就决定牺牲一部分自由,以便"平安无忧地享受剩下的那份自由"。❶ 从此出现了法律,它对人的自由权作出必要的限制,其目的是避免相互侵犯重新使社会沦入"古时的混乱之中";保卫法律的力量叫"刑罚",它惩罚的对象是"触犯法律者",即那些不仅想从公共社会夺回交出的那一部分自由,而且还"极力想霸占别人的那份自由"的人。❷

显然,"犯罪"是社会契约、即法律的产物,它属于人定法的管辖范围,在自然状态下,是无所谓合法与非法之分的,唯有在社会状态下,随着国家和公共权利的出现,才产生了判断合法与非法的法律标准。"所以'罪'不是别的,只是国家的法律所要惩罚的'不服从'而已",它是一种"外在的概念","而不是表明心灵的性质的属性"。❸ 贝卡里亚的同代人、被誉为"意大利的孟德斯鸠"的思想家菲兰杰里(Filangieri),把这一结论概括为一句话:"犯罪只不过是对契约的违反。"❹ 这句话后来被古典学派的刑法学家奉为犯罪的经典定义。

既然犯罪是对法律的违反,刑事责任的基本根据当然就是法律。如果没有明确的法律规定,就无法区分哪些是行使自由权的行为,哪些是犯罪的行为,人们甚至不能确定一种行为是应当受到尊重,还是应当受到惩罚。因此,"法官对每

---

❶ 见本书第 11 页。
❷ 见本书第 11 页。
❸ [荷兰]斯宾诺莎:《伦理学》,商务印书馆 1982 年版,第 185—186 页。
❹ 冯·巴尔等:《欧陆刑法史》(英译本),波士顿,1916 年版,第 416 页。

个刑事案件都应进行一种完整的三段论式逻辑推理。大前提是一般法律,小前提是行为是否符合法律,结论是自由或者刑罚"。❶ 对犯罪科处的刑罚,也不同于自然状态中的复仇手段,它只是"社会契约的复仇者","只有法律才能为犯罪规定刑罚,只有代表根据社会契约而联合起来的整个社会的立法者才拥有这一权威。任何司法官员(他是社会的一部分)都不能自命公正地对社会的另一成员科处刑罚。超越法律限度的刑罚就不再是一种正义的刑罚"。❷ 贝卡里亚把罪刑法定主义立为刑法的基本原则,他把"应然"和"实然"截然分开。立法属于"应然"领域,受委托的立法者根据全社会的整体利益规定人们可以做什么和不能做什么;法官根据法律判断行为实际上是怎样的,即对某一行为是否符合法律作出单纯的肯定或否定,这属于"实然"领域。立法者和执法者只能在各自的领域内行使权力,立法者无权判定行为是否触犯了法律,法官也无权过问行为应当怎样。贝卡里亚出于对封建社会的罪刑擅断主义的深恶痛绝,坚决反对给予法官自由裁量权和解释法律的权力。因为,法官也是一个有着自己的欲望、感情和利益的人,如果允许他解释法律,"法律的精神可能会取决于一个法官的逻辑推理是否良好,对法律的领会如何;取决于他感情的冲动;取决于被告人的软弱程度;取决于法官与被侵害者间的关系;取决于一切足以使事物的面目

---

❶ 见本书第16页。
❷ 见本书第14页。

在人们波动的心中改变的、细微的因素"。❶ 在这种情况下，正义与非正义的界限就变成了争议的对象，公民的命运就会随着法庭的变更而变化，成为法官的道德观念、推理方式或情绪起落的牺牲品。

证明犯罪是法律的产物，属于人定法管辖的范围，只是对法定责任论的部分说明，还不足以划清法律责任与道德责任之间的界限，宗教不是也通过世俗法律把异教徒、亵渎神明、自杀等规定为犯罪吗？因此，要彻底战胜道义责任论，还必须说明人定法确定行为是否构成犯罪所采用的标准是什么。

如果说贝卡里亚在前一个问题上同霍布斯的观点还基本相同的话，他们在后一个问题上却有颇大的分歧。霍布斯虽然也认为犯罪是违反"市民法"的行为，但是他认为："犯罪分为不同的等级，它的衡量标准首先是根源的邪恶性(malignity of the source)或者叫原因。"❷因此，具有不同意图的人对于犯罪可能承担不同的刑事责任。而相反，贝卡里亚却认为："衡量犯罪的唯一和真正的标尺是对国家造成的损害。"❸根据危害的程度，犯罪分为三类，第一类是直接损害社会或其代表的行为；第二类是从生命、财产或名誉上侵犯公民的个人权利的行为；第三类就是那些扰乱公共秩序和公民的生活安宁的行为。犯罪的社会危害程度是由行为所侵

---

❶ 见本书第17页。
❷ ［英］霍布斯：《利维坦》，伦敦，1931年版，第161页。
❸ 见本书第24页。

犯的客体的价值决定的；社会危害性主要是指行为所造成的客观的危害结果，它同宗教刑法理论所主张的"社会丑闻性"是相对立的，前者可以用客观的标准来衡量，后者则只是一种主观的道德评价。既然犯罪的社会危害性是客观的并可以采用外部标准来衡量，造成这种危害的原因也必定表现为一种外部的行为。一个人内心再邪恶，但如果没有实施外部的危害行为，他是不可能造成社会危害性的。"法律的责任只是惩罚外部的行动。"❶这是当时启蒙思想家们对法律责任的共同认识。

正是为了坚持社会危害性这一客观标准，贝卡里亚非常小心翼翼地回避了以往刑法学家们津津乐道的犯罪的主观心理状态问题。他除了在谈到破产问题时，提出应当区别故意、过失和意外事件之外，在书中其他论及犯罪的部分一概不提这种区别。他强调法律不惩罚犯意，不过问行为的内在恶意，因为，法律是具有普遍效力的，它为人们提供一般的行为规范，不可能顾及各个特殊的情况。他写道："有人认为：犯罪时所怀有的意图是衡量犯罪的真正标尺，看来他们错了。因为，这种标尺所依据的只是客观对象的一时印象和头脑中的事先意念，而这些东西随着思想、欲望和环境的迅速发展，在大家和每个人身上都各不相同。如果那样的话，就不仅需要为每个公民制定一部特殊的法典，而且需要为每次犯罪制定一条新的法律。有时会出现这样的情况，最好的意图却对社会造成了最坏的恶果，或者，最坏的意图却给社会

---

❶ ［法］孟德斯鸠：《论法的精神》，商务印书馆1982年版，第197页。

带来了最大的好处。"❶至于宗教的罪孽标准,那更是与刑法的犯罪标准风马牛不相及的,他接着写道:"还有些人认为:罪孽的轻重程度是衡量犯罪的标尺。冷静地研究一下人与人之间以及人与上帝之间的关系,就将清楚地发现这种看法的荒谬。人与人之间的关系是平等的,只是为了解决欲望的冲突和私利的对立,才产生了共同利益的观念,以作为人类公正的基础。人与上帝之间的关系是依赖上天和造物主的,只有造物主才同时拥有立法者和审判者的权力,因为唯独他这样做不会造成任何麻烦。"他以奚落的口吻说:"罪孽的轻重取决于叵测的内心堕落的程度,除了借助启迪之外,凡胎俗人是不可能了解它的,因而,怎么能以此作为惩罚犯罪的依据呢?"❷

但是,罪刑法定原则和社会危害性标准之间也会发生矛盾,比如说,有的行为在客观上具有社会危害性,但在法律上却没有明文规定,在这种情况下,行为人是否应当承担刑事责任呢?贝卡里亚的回答是否定的,他说任何司法官员都不得以"热忱或公共福利"为借口,不按照法律的规定定罪处罚。也就是说,罪刑法定原则处于绝对优先的地位,它排斥类推。

"每个公民都应当有权做一切不违背法律的事情,除了其行为本身可能造成的后果外,不用担心会遇到其他麻烦……这是一项神圣的信条,舍此就不会有一个正当的社会;

---

❶ 见本书第24页。
❷ 见本书第25页。

这是对人的一种正确的补偿,因为他已经牺牲了每个感知物所共有的、在自己力量范围内做一切事情的普遍自由。这一信条培养着生机勃勃的自由心灵和开明的头脑;它为了使人们变得善良,赋予他们一种无所畏惧的美德,而不是逆来顺受者所特有的委曲求全的美德。"❶

贝卡里亚的法定责任论是对旧的道义责任论的否定,它发出了要求刑法独立的强烈呼声。这种独立就是指在刑事领域确立法律的自主地位,排除和摆脱宗教律法、传统道德以及任何当权者个人的干涉和束缚;就是指把启蒙运动的自由平等原则运用于国家机构(法庭)及其代表(法官)同公民个人的关系之间,使他们在诉讼中居于平等的地位,共同服从法律的规定和制约。刑法要想独立地发挥这种作用,就不能满足于对罪名和刑种的规定,它必须建立并不断完善自身的体系,确立自己的指导原则、逻辑关系和各项制度,使犯罪"类型化",使刑种和刑度"阶梯化"。法定责任论使人看到了进行这种全面改革的迫切需要。

贝卡里亚把法律责任与道德责任区别开来,把犯罪和刑罚限定于法律调整的范围,这并不表明贝卡里亚不信仰任何道德信条,更不说明贝卡里亚的刑法学说不具有道德基础。一切法律评价也都是基于一定价值观念的评价;一切法律或法律意识都同一定阶级的道德观念具有内在的联系,连贝卡里亚自己也承认:"道德的政治如果不以不可磨灭的人类感

---

❶ 见本书第 27—28 页。

情为基础的话,就别想建立起任何持久的优势。"❶贝卡里亚的刑法思想之所以受到新兴资产阶级的高度赞赏和当时社会舆论的普遍欢迎,正是因为它有着坚实的伦理基础,并迎合了这些人的道德情感,这种伦理基础就是利己主义。

---

❶ 见本书第12页。

5

刑罚——社会防卫的必要手段

贝卡里亚认为,刑罚是一种"政治约束",在"自然状态"下,它是不存在的,因为在那里不存在公共利益;只有在"社会状态"下,当出现了公共利益与私人利益的对立时,刑罚才作为社会公共利益的保卫者而发挥作用。既然衡量犯罪的唯一标准就是它对社会的危害程度,惩罚犯罪的刑罚也必定以保护社会免遭侵害为目的。贝卡里亚说:"刑罚的目的仅仅在于:阻止罪犯再重新侵害公民,并规诫其他人不要重蹈覆辙。"❶这里所说的"重蹈覆辙",包括受害人对犯罪人的私人报复。从某种意义上讲,刑罚是对私人报复的否定,因为这种报复常常使社会陷于相互侵犯的恶性循环之中。刑罚不但不是为了报复而存在,而且它也把那些破坏公共秩序的私人报复活动作为惩罚的对象。

在贝卡里亚看来,刑罚是否必要主要取决于是否对社会具有功利。我们从下面几个例子中可以察觉到这一点。贝卡里亚在《论犯罪与刑罚》中,用了几乎十分之一的篇幅贬低死刑的作用,要求限制死刑的适用,正是由于这些论述,贝卡

---

❶ 见本书第36页。

里亚的名字至今被人们作为要求废除死刑的"战斗号角",但是,贝卡里亚的"相对论"倾向,决定了他在死刑问题上并不抱绝对废除的态度。他认为,当社会必须以死刑来保卫自己的生存时,死刑也是需要的。贝卡里亚说:"只有根据两个理由,才能把处死一个公民看做是必要的。第一个理由是:某人在被剥夺自由之后仍然有某种联系和某种力量影响这个国家的安全;或者他的存在可能会在既定的政府体制中引起危险的动乱。再者,当一个国家正在恢复自由的时候,当一个国家的自由已经消失或者陷入无政府状态的时候,这时混乱取代了法律,因而处死某些公民也就变得必要了。"❶在这里,贝卡里亚没有讲被处以死刑者必须是罪大恶极的或者必须有人命债,而只是把维护社会秩序作为适用死刑的基本理由,这不是对"绝对论"的报应主义的否定吗？另一个例子讲的是相反的情况,贝卡里亚认为,对某些犯罪如果从维护社会秩序的角度看没必要加以惩罚,就不应当动用刑罚,比如："没必要去揭露谁犯有湮没无闻的罪行。"❷因为,这种犯罪的危害结果尚未被人察觉,因而对社会的正常秩序不产生多大影响。再比如:对犯罪后潜逃的人,也没必要花气力追究,因为"他们存亡未卜的命运就给自己判处了流放刑,并使国家摆脱了再受侵害的危险"。❸

需要注意的是,贝卡里亚一再强调,只有正义的刑罚才

❶ 见本书第76页至第77页。
❷ 见本书第47页。
❸ 见本书第52页。

是社会所需要的刑罚,什么叫正义呢?贝卡里亚解释说:"至于'公正',我指的只是把单个利益联系在一起的必要纽带,否则,单个利益就会涣散在古时的非社会状态之中。"❶贝卡里亚所说的"必要纽带"就是指"利益均沾的法律","法律就是把这些人联合成社会的条件"。❷贝卡里亚根据社会契约论把法律解释为人们明示的或默认的契约,它的作用在于用人们转让给公共当局的权利保护他们平安无扰地享受余下的自由,因此,正义的本质就是每个人都平等地受到法律的保护。按照这一原则推论,如果刑罚成为当权者个人的工具,被用来任意为其私利或某一集团或阶层的利益服务,那当然就不是正义的,因而也就是社会所不需要的。在贝卡里亚看来,正义的刑罚实质上是每个人的复仇权的"总和",它平等地为每个人服务,这里也包括犯罪人。因为,犯罪人也是社会的成员之一,也是社会契约的签约者,他通过契约宣布不许杀人,不许抢劫,并授权社会对杀人者和抢劫者处以刑罚,因而当他自己因杀人或抢劫等违反契约的行为受处罚时,实际上也是在实现和维护自己的权利。

贝卡里亚把社会契约作为刑罚权的基础,把正义作为刑罚的本质,这在一定程度上又否定了刑罚可以为实现功利目的任意使用的观点。他从这一立场出发反对滥用死刑,他说:君权和法律"仅仅是一份份少量的私人自由的总和,它们代表的是作为个人利益集合体的普遍意志。然而,有谁会把

---

❶ 见本书第13页。
❷ 见本书第11页。

对自己的生死予夺大权奉予别人操使呢？每个人在对自由作出最小牺牲时，怎么会把冠于一切财富之首的生命也搭进去呢？"由此，他得出结论，"死刑并不是一种权利，我已经证明这是不可能的；而是一场国家同一个公民的战争"。❶ 它只适用于出现特殊的社会需要的非常时期。

贝卡里亚在刑罚理由问题上遇到矛盾，他一方面认为，刑罚是国家手中的"威慑"工具，是为了维护社会的正常秩序而存在的；另一方面又指出，"正义的"刑罚是每个社会成员自由权的体现，是作为"社会契约的复仇者"而存在的。虽然贝卡里亚出于一种善良的愿望，极力在理论上把秩序和正义这两个理由统一起来，认为对于维护秩序来说是"必需的"刑罚，对于每个社会成员的个人利益来说也就是"正义的"，并且在他的书中把"必需的"和"正义的"当做可以互相通用的同义词使用，但是，他解释不了为什么一些从维护社会秩序的观点看是"必需的"刑罚（如死刑），从维护个人权利的角度看却是无充足的存在理由的。

从总的方面讲，贝卡里亚刑罚思想中"相对论"的倾向较强，他比较强调刑罚是社会防卫的手段，是为实现一定的社会目的服务的。他实质上是把"绝对论"和"正义"标准作为防卫的限制条件，把个人主义作为他的刑罚"功利主义"的基础。在这一点上，我赞同美国学者戴维的评价，他说："贝卡里亚始终将功利主义和报应主义冶于一炉，而且他一般更强

---

❶ 见本书第 76 页。

调前者。"❶我们没必要下一个确切的结论，说贝卡里亚到底是"相对论"者还是"绝对论"者，这不仅是因为贝卡里亚的刑罚思想中本来就存在着这一难以协调的矛盾，而且也因为在一切社会尤其是阶级对立的社会，个人利益与公共利益之间、社会秩序与个人自由之间、统治者的意志与非统治者的正义标准之间，总是存在着普遍的矛盾，刑罚本来就不可能既符合一切人均认可的"正义"标准，又服务于统治阶级所要求维持的社会秩序。这种实际生活中的矛盾，也不是传统刑罚理论中的"绝对论"和"相对论"所能加以解决的。

贝卡里亚刑罚论中的社会防卫思想与其犯罪论中的机械决定论思想并不相互矛盾。说犯罪是人们在一定环境中趋利避害的必然性结果，并不等于说犯罪不应受处罚。从犯罪者的个人角度看，犯罪往往是有利可图的，有充分理由的或令人同情的，但从社会整体的角度看，犯罪却是有害的和应当遏制的。人们只是出于保卫社会的正常秩序的需要才去惩罚犯罪，正如霍尔巴赫所说："如果坏人不可避免地要做坏事，因为他们的本性就是恶的和坏的，则从社会方面说，对这些人进行惩罚，同样是根据必然性，因为社会力求自卫。某些事物必然产生痛苦；自然我们的本性就会驱使我们敌视这些事物，并且力求避免它们。"❷这也就是说，刑

---

❶ 戴维·B.扬：《切萨雷·贝卡里亚是功利主义者还是报应主义者》，载美国《刑事司法》1983年第11卷。中译文（节译）载《法学译丛》1985年第5期。

❷ [法]霍尔巴赫：《健全的思想》，商务印书馆1985年版，第79页。

罚也是人们面对犯罪作出的趋利避害的必然性选择,只不过作出这种选择的主体不是个人,而是联合成社会的"人们"。

这里出现了两种相互对立的"必然性",一种是个人出于利己的本性,谋求私利满足的"必然性",另一种是社会为了维护自身安定,要求建立秩序的"必然性"。刑罚作为后一种必然性的体现者,是否要消灭前一种必然性呢?贝卡里亚的回答是否定的,他强调,刑罚"绝不会去消灭冲突的原因",相反,明智的法律应当"因势利导,将欲望的洪流分别输入很多同等的小河道,从而使哪里也不会出现干涸或泛滥"。❶ 在贝卡里亚看来,前一种必然性与后一种必然性之间存在着内在的联系,人们正是为了追求幸福和平安无扰地享受自由才建立社会,并创造了刑罚这一社会防卫工具。从另一角度看,如果消灭掉前一种必然性,刑罚的社会防卫的功能也会失灵,因为,刑罚之所以能够发挥遏制犯罪的作用,恰恰是因为它利用了人的趋利避害的本性,既然人的欲望、思想、意志等主观意念完全取决于人的感官感受,即"肉体感受性",刑罚就正是通过对人感官的触及,控制和改变人的思想、欲望和意志的。所以,贝卡里亚称刑罚为"易感触的力量",它直接对人的感受器官造成痛苦的印象。在痛苦的影响下,犯罪对于人们的意义改变了,它所能获得的好处被刑罚所带来的恶果抵消掉,犯罪变成了受苦的原因,人们在经过利弊得失的计算之后,就不会去实施不可能给自己带来好处的犯罪。

---

❶ 见本书第93页。

"如果所采用的力量并不直接触及感官,又不经常映现于头脑之中以抗衡违反普遍利益的强烈私欲,群众就接受不了稳定的品行准则,也背弃不了物质和精神世界所共有的涣散原则。任何雄辩,任何说教,任何不那么卓越的真理,都不足以长久地约束活生生的物质刺激所诱发的欲望。"❶

从一定意义上讲,刑罚是一种痛苦,如果把制造苦难理解为一种"恶"的话,刑罚的目的就是以"恶"御"恶",或者叫以"公恶"御"私恶",这里所说的"御",是指抵御和威慑。正由于刑罚能够制造苦难,因而它构成对犯罪的威慑,所以贝卡里亚写道:"什么是刑罚的政治目的呢?是对其他人的威慑。"❷贝卡里亚认为,刑罚作为"一种感觉的痛苦",虽然能够改变人的意志,但是,它却不可能洗刷"纯粹作为一种道德关系的耻辱"。❸ 要使人变得高尚并富有理性和善良的道德,应当借助广泛的传播知识、奖励美德、完善教育以及一切改善社会环境的措施,而刑罚却不具有这些功能,因此刑罚并不是改造罪犯的手段,就像当一个人面对一只迎面扑来的凶恶野兽使用手中的武器进行防卫时,他想到的只是怎样利用它们消灭和驱赶这只野兽,避免遭受其伤害,而不可能在此时奢想用手中的武器去驯服这只野兽,并改造其兽性一样。显然,威慑和改造借助的是两种截然不同的手段,前者借助强制和痛苦,它谋求造成恐惧,因而是消极的;后者通过

---

❶ 见本书第 11 页。
❷ 见本书第 47 页。
❸ 见本书第 47 页。

教育和陶冶,它希冀给人以启迪,因而是积极的。正因为注意到刑罚作用的这种局限性,贝卡里亚在《论犯罪与刑罚》的结尾部分强调指出,"预防犯罪比惩罚犯罪更高明"❶,并提出了一系列预防犯罪、提高社会文明程度的措施。

---

❶ 见本书第 115 页。

6

刑罚的必要限度

刑罚是一种痛苦,一种由国家施加的痛苦,一种既折磨人的精神又折磨人的肉体的痛苦。这种痛苦如果使用得正确、得当,可以形成强大的威慑力量,有效地遏制住人们犯罪的意念。然而,如果它使用得不得当或者被滥用,就可能伤害无辜者,造成社会的恐惧和动乱,成为同犯罪一样的对社会自身安全的侵害。贝卡里亚对刑罚的这种潜在危险是非常敏感的,而且是深恶痛绝的,他写道:"纵观历史,目睹由那些自命不凡、冷酷无情的智者所设计和实施的野蛮而无益的酷刑,谁能不触目惊心呢?目睹帮助少数人、欺压多数人的法律有意使或者容忍成千上万的人陷于不幸,从而使他们绝望地返回到原始的自然状态,谁能不毛骨悚然呢?目睹那些具有同样感官因而也具有同样欲望的人在戏弄狂热的群众,他们采用刻意设置的手续和漫长残酷的刑讯,指控不幸的人们犯有不可能的或可怕的愚昧所罗织的犯罪,或者仅仅因为人们忠实于自己的原则就把他们指为罪犯,谁能不浑身发抖呢?"❶历史常常就是这样的荒谬,有时给社会造成深重灾难

---

❶ 见本书第75页。

的正是社会自身的防卫手段,这种防卫手段在消除某些社会弊端的同时,自己也释放出一些新毒素,由于人们忽略了对这些新毒素的治理,它们逐渐在社会内部酿成新的弊端和灾难,从而出现了这样的"功能异化"现象——"刑罚的对象正是它自己造成的犯罪"。❶ 贝卡里亚意识到这种异化的可能性和危险性,试图寻求一些措施减少因适用刑罚给人们和社会带来的不幸。

他首先在理论上证明刑罚权是有限的。在进行这种证明时,贝卡里亚采用的论据是社会契约论。他同当时的启蒙运动思想家一样竭力用"原子论"来解释社会的概念,用在逻辑上先于社会而存在的个人利益和需要,论证组建社会的必要性。然而,贝卡里亚对当时一些启蒙运动学者所主张的社会契约论作了一个微妙的修正,格劳秀斯和霍布斯都认为,社会契约是人们之间自由联合的一种形式,通过此形式,人们把至高无上的统治权转交到一个人或少数人手里,这种权利的转移,意味着个人权利的完全放弃或让渡,"既已放弃,则对其利之所归者之享受,乃有不可相仿之义务,且亦不得翻悔其所为"。❷ 因此,这种社会契约论和绝对权威联结在一起,承认统治权一旦通过契约而建立就是至高无上的,要求人民必须绝对服从。在卢梭的社会契约论中,权利转让也是"全部的",他要求"每个人都把自己全部地奉献出来",并

---

❶ 见本书第 23 页。
❷ [英]霍布斯:《利维坦》,载《西方法律思想史资料选编》,北京大学出版社 1983 年版,第 185 页。

反对个人保留某些权利,因为,"假如个人保留了某些权利的话,既然个人与公众之间不能够再有任何共同上级来裁决,而每个人在某些事情上又是自己的裁判者,他很快就会要求事事都如此;于是自然状态便会继续下去,而结合就必然会变成暴政或者空话"。❶贝卡里亚不赞成这种对全部权利的转让,他认为,人们向社会转让的权利只是个人自由权中的一小部分,而且是"尽可能少的"一部分,只要能够让别人保护自己就行了。"这一份份最少量自由的结晶形成惩罚权。"❷这也就是说,人们在社会状态中还保留着原有的大部分自由,建立国家和惩罚权的目的,只是为了保障人们在安定的社会秩序中享受这些自由,公共权力除了维护必要的秩序外,不能也不应干涉私人自由权的行使。为此,刑罚应当是"必需的"和"尽量轻微的"❸,只有当社会秩序和公共利益确实遭到侵害时,才有防卫的必要,它的强度只要能使"犯罪的既得利益"丧失就够了,"一切额外的东西都是擅权,而不是公正,是杜撰而不是权利"。"如果刑罚超过了维系上述纽带的需要,它本质上就是不公正的。"❹刑罚应该严格受限于这一必要限度,如要超越了此限度,它就转变成对社会的新侵害或威胁。如何掌握这一界限呢？贝卡里亚提出了一个简略的标准,这就是"最大多数人分享最大的幸福"。贝卡里亚的这一标准来自爱尔维修,这位法国功利主义大师在《论

---

❶ [法]卢梭:《社会契约论》,商务印书馆1982年版,第24页。
❷ 见本书第13页。
❸ 见本书第125页。
❹ 见本书第13页。

人及其智力和教育》一书中写道:"如果在一个国家里,最高权力被同等地分配给一切公民等级,整个民族就是统治者。它的愿望是什么?尽可能使大多数人得到幸福。"❶贝卡里亚又回到了功利主义立场上来,维护公共利益就是最大限度地扩大幸福的分享范围,或者反过来说,就是最大限度地减少人们可能遭遇到的不幸。因此,刑罚作为不幸和痛苦的制造者,应该是对更大的不幸或更大的痛苦的制止,这样它才能通过缩小不幸的范围来扩大幸福的范围,也就是实现普遍的利益。

从这一推理出发,贝卡里亚认为在确定一事物是否符合公共利益时,关键是看它对大多数人来说是否利大于弊。他嘲笑以往的法律首先注重的是个别的不便,而把普遍的不便置于第二位,"它为了防范一种臆想的或微不足道的麻烦,可以牺牲无数现实的利益;它从人们手中夺去火和水,因为火能造成火灾,水能溺死人;它只会用毁灭的手段去防范恶果"。❷贝卡里亚的意思是说,即使一些行为对公共利益具有潜在的危险,如果禁止或者惩罚它会带来更大的不便,刑法宁可不要过问它们。他指出,以往的统治者都以为通过严刑峻法的威吓力量可以制止人们犯罪的意图,而他们殊不知,在人们心中投下的这种恐惧,会向统治者回敬以更大的骚扰,因为,这种恐惧越公开,它袭扰的人就越多,就越容易

---

❶ 转引自[苏]维·彼·沃尔金:《十八世纪法国社会思想的发展》,商务印书馆 1983 年版,第 192 页。
❷ 见本书第 113 页。

出现鲁莽者、绝望者或一些善于利用别人为自己目标服务的果敢者,而且这种恐惧还会激起对政府的不必要的仇恨情绪,从而引发新的侵害活动。

英国哲学家边沁在读到贝卡里亚关于刑罚的必要限度的这些精彩论述时大为叹服,他激动地写道:"啊!我的大师,第一位理性福音的传递者……正是你,在功利的道路上进行了如此大量的有益探索,我们还能做点什么呢?——再不要偏离这条大道。"❶边沁继续沿着贝卡里亚所探索的这条道路前进,有一整套精细的功利主义理论体系说明刑罚的目的、作用和必要限度。他断定,刑罚就是制造痛苦,因而是可憎的,如果不是为排除更大的痛苦,它就毫无存在的必要。贝卡里亚在主张功利主义的同时,根据自己的社会契约论,要求严格保障每个公民包括犯罪者本人的权利。在他看来,个人的尊严和权利是至高无上的,如果为了提高刑罚的威慑力量而去惩罚无辜者或轻罪重罚,受法律保护的秩序就会变成为暴政服务的条件,"一旦法律容忍在某些情况下人不再是人,而变成了物,自由就不存在了。那时候你会看到:豪强们将完全致力于从大量的民事关系中发掘法律为他们提供的便利"。❷ 因此,在用功利的标准确定公共利益的范围时,不能以牺牲无辜者的个人利益为代价。在这里,贝卡里亚的核心思想再次得到体现:公共利益和个人利益同为刑法关心

---

❶ 转引自亨利·鲍罗斯为《论犯罪与刑罚》英译本撰写的序言,参见《论犯罪与刑罚》(英译本),纽约,1963年版,第 X—XI 页。
❷ 见本书第 59 页。

的重点。

"即使严酷的刑罚的确不是在直接与公共福利及预防犯罪的宗旨相对抗,而只是徒劳无功而已,在这种情况下,它也不但违背了开明理性所萌发的善良美德——这种理性往往支配着幸福的人们,而不是一群陷于怯懦的残忍循环之中的奴隶——同时,严酷的刑罚也违背了正义和社会契约的本质。"❶贝卡里亚所说的严酷的刑罚,指一切以威吓为目的、采用残酷的方式剥夺人的生命或者毁伤肢体的刑罚,即当时的死刑和部分身体刑。贝卡里亚在《论犯罪与刑罚》中用了很多篇幅来证明,在正常的社会条件下,死刑超越了社会防卫的必要限度,因而一般来说,它是非正义的和不必要的。

贝卡里亚根据功利的观点论证死刑的不必要性,他提出的主要理由可以归纳如下:

第一,死刑的威吓作用是多余的。贝卡里亚认为,只要刑罚的恶果大于犯罪所带来的好处,刑罚就可以发挥其效用。在这种大于好处的恶果中,应该包含的,一是刑罚的不可摆脱性(或叫肯定性);二是犯罪既得利益的丧失。除此而外的一切都是多余的,因而也就是强暴的。对于很多犯罪,本来采用较轻的刑罚就足以造成威慑。而当权者却故意把刑罚搞得很残酷,很吓人,但时间长了,人们对这些多余的恐吓成分也就习以为常了。"人的心灵像液体一样,总是顺应着它周围的事物,随着刑场变得日益残酷,这些心灵也变得

---

❶ 见本书第15页。

越来越麻木了。"❶即使是很残酷的轮刑,在经过若干年之后,其威慑作用也只相当于从前的监禁,当长期的酷刑威吓使人的心灵变得麻木不仁时,统治者就再找不到更有效的手段来预防犯罪了。因为,人的感官和感觉是有限的,刑罚的强度一旦达到一定的限度,不管再怎样去翻新刑罚的花样,人们也都体验不出它们的差别了。

第二,死刑容易引起旁观者对受刑人的怜悯。统治者为了加强死刑的威慑作用,一般都公开以残酷的手段执行死刑。因而在大部分人眼里,死刑等酷刑已成为一种表演。从某种意义上说,"刑场与其说是为罪犯开设的,不如说是为观众开设的"。❷ 观众一般与犯罪人所实施的犯罪行为无直接的利害关系,而酷刑的场面却对他们造成很强的刺激。这种刺激有时会压倒他们对犯罪行为的义愤,使他们把受刑人看做受欺凌的弱者,并对其产生一种"忿忿不平的怜悯感"。当这种怜悯感上升为观众心中压倒一切的感情时,统治者希望以酷刑唤起的畏惧感就消退了。

第三,死刑的影响是暂时的。贝卡里亚从心理效应的角度论证说:"对人类心灵发生较大影响的,不是刑罚的强烈性,而是刑罚的延续性。因为,最容易和最持久地触动我们感觉的,与其说是一种强烈而暂时的运动,不如说是一些细小而反复的印象。"❸人的一切习惯都是靠这种印象的反复

---

❶ 见本书第 74 页。
❷ 见本书第 78 页。
❸ 见本书第 77—78 页。

性和持续性所养成和加强的。处死罪犯的场面虽然很可怕，但只是暂时的，只起短暂的威吓作用，如果用劳役或终身劳役代替一时的死刑，就可以为社会树立常存的鉴戒，这同"扑朔迷离的死亡观念"相比，具有更强的威慑力量。

第四，死刑可能造成不良的社会环境。这是贝卡里亚等启蒙学者反对酷刑的主要理由。他们认为，很多人犯罪是由于缺乏起码的人道主义情感，心灵很残酷，而这同社会环境的影响有着直接的关系。酷刑就起着纵容人们流血、树立残暴榜样的作用。"体现公共意志的法律憎恶并惩罚谋杀行为，而自己却在做这种事情；它阻止公民去做杀人犯，却安排了一个公共的杀人者。我认为这是一种荒谬的现象。"❶贝卡里亚指出，支配着立法者双手的残暴精神，恰恰也操纵着弑父者和刺客们的双手。它煽动人们绞杀这些暴君，并以新的暴君取而代之。以暴行镇压暴行，只能造成暴行的恶性循环。

第五，死刑的错误是不可挽回的。关于司法错误问题，贝卡里亚在写作《论犯罪与刑罚》一书时尚未论及，在1782年1月12日伦巴第刑法委员会讨论死刑问题的专门会议上，贝卡里亚提出了此问题。他在由他执笔写成的会议发言记录报告中写道："根据对所有法律制度的考察人们发现，判决罪犯死刑的充足证据从来都达不到排除相反可能性的程度。即使提供证言的证人为两人以上，即使关于犯罪嫌疑的证据数量繁多且相互独立，并且这些证据都得到被告人供述

---

❶ 见本书第81页。

的印证,上述证据仍超不出道德肯定性的范围,经过认真考察,这种道德肯定性只不是一种最高的可能性,别无可说。几乎在所有的国家都出现过这样的事例:一些臆想中的罪犯被判处了死刑,原因就是所依据的证据被推测为不可辩驳的。"贝卡里亚作出结论说:"因此,那种促使我们要求取消死刑的同情心并不是对罪犯们的错误同情。""死刑,如果说能够最快捷地摆脱罪犯的话,对于打击犯罪却不是最适当的。"❶由于司法错误是难以避免的,死刑的适用就使这些司法错误无可挽回。

贝卡里亚列举了死刑所可能带来的种种弊端,证明死刑超越了社会防卫的必要限度,呼吁实现刑罚的"宽和化"。但是,死刑是否应当一概作为酷刑加以废除呢?贝卡里亚在这个问题上有时也动摇不定。他认为,当由于各种原因犯罪人的存在有可能威胁国家的安全或者有可能在社会上引起"危险的动乱"时,或者当社会正处于非常的"无政府状态"时,就有必要适用死刑,因为,这时公民与国家是处于一种"战争"状态。不过,他又认为,在安定的社会条件下,在正常的司法管理下,是不会发生这种"战争"的,因而看不出有适用死刑的"积极需要"。他例举古代罗马共和国作为"典范",认为,罗马共和国曾一度在刑事制度中消灭了死刑,这说明社会可以不需要死刑。

贝卡里亚关于死刑对社会的弊害的论证,的确包含着对

---

❶ [意]切萨雷·贝卡里亚:《贝卡里亚刑事意见书6篇》,黄风译,北京大学出版社2010年版,第24—29页。

刑罚作用的一些冷静思考和对人类命运的人道主义关心。他提出的废除一切酷刑包括死刑的理想,也不失为人类社会为之奋斗的一项目标,它符合人类文明发展的方向。一个社会的规范调整体系有着复杂的层次和结构,刑罚作为一种强制的并含有很大痛苦成分的社会调整手段,它起作用的范围和程度主要取决于社会的文明程度和其成员社会化的自觉程度。

7

运用刑罚的基本策略

一、讲究精确度的"小牛顿"

在科学发展史上,在某一学术领域提出开创性学说的人,往往不是该领域造诣精深的权威,而是一些对各类新生事物反应敏感、具有广泛的兴趣并勇于反向思维的初出茅庐的后生。这些人最少受传统理论模式的束缚,敢于对这些模式提出怀疑和挑战,善于运用新的科学知识和研究方法提出新的综合。被誉为"刑法之父"的贝卡里亚,在写作《论犯罪与刑罚》时,就是这样一位年仅 26 岁的风华正茂的青年。

贝卡里亚虽然曾在帕维亚大学学习过法律,但这并不是他最大的兴趣所在,在校期间,他学习成绩平平,甚至毕业时仍"对法律所知无几"。❶ 他认为,真理正是那些在学校里学不到的东西,因此,他的课外兴趣非常广泛。他最喜爱数学和物理学,深厚的自然科学修养把他的头脑锻炼得具有严格的逻辑性和精确性。同伴们送给他一个绰号叫"小牛顿"。毕业后,他又广泛地涉猎了政治经济学、心理学、美学等领

---

❶ 坎图:《贝卡里亚和刑法》,佛罗伦萨,1862 年版,第 64 页。

域,写下了《米兰国的货币之乱及其救治》《风格研究》《公共经济教程》等学术著作。同他的法学论著相比,关于其他学科的论著在数量上占有很大优势。在贝卡里亚去世后,人们从他的笔记本中又发现了另一些尚未付诸实施的研究计划,涉及历史、文学、哲学、政治学领域的各种议题。贝卡里亚不赞成学者把全部精力倾注于单一的研究对象,因为,那样会使人的思想僵化,在这种情况下,"想象力就变成了你的暴君,而不是你的朋友"。他在《论想象的乐趣》一文中主张,人们应当"把激情分散在多方面的愿望之中,让这些愿望相互承启,哪一个也不得占据君临一切的位置"。❶

有些外国学者对贝卡里亚不能一心一意地钻研刑法学感到遗憾,甚至认为,他缺乏持续钻研一门学问的耐力,说明他"智力低下"。事实上,贝卡里亚在刑法学研究中的一鸣惊人,恰恰受益于他广博的自然科学和社会科学知识,受益于他思维的"多向性"和丰富的想象力。韦里兄弟及"拳头社"的同伴们挑选贝卡里亚撰写关于刑法问题的这篇重要论文,也恰恰是出于对贝卡里亚多方面学识和才能的敬佩和倚重。

贝卡里亚与法国"百科全书派"的学者有一个共同点,他们都力图用自然科学的最新发现和成果说明社会上的各类事物,批判封建意识形态的蒙昧主义本质,开阔人的眼界,启迪人的思想,奠定资产阶级哲学、伦理学和法学的科学基础。

在 17 和 18 世纪,各门科学中获得最充分发展的是力学

---

❶ 转引自鲁道夫·蒙多尔福:《切萨雷·贝卡里亚》,佛罗伦萨,1960 年版,第 24 页。

和数学。意大利数学家和力学家伽利略通过对自由落体和钟摆运动的研究,发现物体不仅有保持其静止状态不变的特性,而且在重力作用下,有保持其匀速直线运动不变的特性,即所谓惯性运动的特性。物体维持其原有的运动状态(包括静止和做匀速直线运动)并不需要外力,外力是改变其原有运动状态的原因。牛顿进一步完善和补充了这些科学认识,给予了准确的科学表述,提出物体运动的三条定律,并且根据对天体运动规律的具体分析提出万有引力定律,指出引力是宇宙间一切物质的本性。一切物体,不论其为宏观的或微观的,有生命的或无生命的,都遵从这一定律,而与物体的物理性状、化学性状如温度、电性、磁性以及化学组成状况等均无关系,整个宇宙是一个严格遵循力学规律运行的、井然有序的因果系列。

万有引力定律和其他科学规律的发现,打破了宗教关于宇宙是受"永恒的神明规律"支配的教义,为科学认识人类社会和人本身提供了理论依据。18世纪的启蒙思想家们普遍接受了牛顿力学的机械决定论思想,认为人是自然界的一部分,他们的一切行动不受"自由意志"的支配,而受客观因果规律性的制约。一切人都像机器一样服从同一规律的支配并具有相同的本性。既然万有引力是宇宙间最普遍、最根本的法则,人的自我保存和对物质享乐的追求就可以看成是这一法则的特殊表现。资产阶级人性论在近代自然科学理论中找到了有力的论证。

贝卡里亚这位经典力学的推崇者,当然要努力把这些新的科学认识贯穿于关于犯罪和刑罚的理论中。人们在阅读

《论犯罪与刑罚》时,不仅可以看到不少用物理学和数学原理作的比喻,还可以突出地感觉到他的整个思想体系所具有的机械决定论的鲜明色彩。在贝卡里亚看来,促使人们自我保存并争取幸福的力量类似"重心力",在这种力的作用下出现的"相互冲突、相互侵犯"行为就是犯罪。如果用牛顿力学的术语来说,可以讲犯罪是出于人的"惯性",因而它不是心灵堕落的表现,而是人们在一定条件下出于趋利避害的本性作出的必然选择,是不依人的意志为转移的。惩罚犯罪不是为了改变,而且也不可能改变人的这种本性,而是通过把犯罪同受苦联系起来,使人自动地避免犯罪。从力学的观点讲,就是制造一种"阻力",抵消犯罪的"引力"。

采用多大量的"阻力"才能抵消某一犯罪的"引力",这是一个可以"应当用几何学的精确度来解释"的问题。❶ 精确地确定刑罚量是非常必要的。我们前面已经谈到,贝卡里亚认为刑罚的本质是痛苦,它只是为遏制可能对社会造成的更大痛苦才被施加于犯罪人的,刑罚应当严格地控制在必要限度以内,超越这一限度,它就将转化成对社会的新侵害。贝卡里亚对刑罚本质的这种带有一定辩证性的认识,致使他非常注重运用刑罚的策略,即刑事政策问题。他讲求刑罚的效益,认为刑罚要想发挥最佳的社会效益,就必须适度和适时,既要维护社会的必要秩序,又不能剥夺或限制公民的正当自由权。掌握这样一种微妙的精确度是很困难的,这要求"立法者像一位灵巧的建筑师,他的责任就在于纠正有害的偏重

---

❶ 见本书第35页。

方向,使形成建筑物强度的那些方向完全协调一致"。❶

贝卡里亚不像以往一些刑法学家那样,只满足于对刑罚的本质、目的和作用的抽象论理,他力图找到精确运用刑罚、发挥其最佳效益的规则。他的数学和物理学的素养,使他从"政治算术"和"刑罚力学"的角度探索这些规则。在他的思想上,刑罚不应当是随意估量的,任何一个多一点或少一点都会对等号后面的结果产生积极的或消极的影响。刑罚的效果还在很大程度上取决于它的适用程序和方式,就像一种力在不同的条件下会产生不同的作用一样。刑罚不应当依靠一些令人毛骨悚然的恐怖形象威吓人的心灵,而应当依靠自身的层次性、精确性、适时性和肯定性,去影响人们对利弊得失的计算,从而制止他们去实施于人于己均无益的犯罪。

二、罪与刑的阶梯和对称

任何一种策略思想都体现着对特殊对象作出特殊反应的基本原则,对事物加以区别是制定策略的前提。贝卡里亚的刑事政策思想也非常注重把纷杂的犯罪区分为一系列有序的等级,他把这一等级系列称为"阶梯",而区分的标准就是行为对社会的危害程度。他写道:"既然存在人们联合起来的必要性,既然存在着作为私人利益相互斗争的必然产物的契约,人们就能找到一个由一系列越轨行为构成的阶梯,它的最高一级就是那些直接毁灭社会的行为,最低一级就是

---

❶ 见本书第21—22页。

对于作为社会成员的个人所可能犯下的、最轻微的非正义行为。在这两级之间,包括所有侵害公共利益的、我们称之为犯罪的行为,这些行为都沿着这无形的阶梯,按从高到低顺序排列。"❶犯罪阶梯的建立为人们对不同的犯罪采取相应不同的对策打下了基础。社会所关心的不仅是避免发生犯罪,而且还关心尽量少发生对社会造成较大危害的犯罪,从这一目标出发,就应当建立"一个相应的、由最强到最弱的刑罚阶梯"。有了这两个阶梯,就可以对较重的犯罪处以较重的刑罚,对较轻的犯罪处以较轻的刑罚,实现"刑罚与犯罪的对称"(proporzione fra i delitti e le pene),贝卡里亚的这一阶梯对称思想,后来被人们称为"罪刑相适应原则"。

"对称"(proporzione)这个词本意是指两物体之间的比例或比值相等。这种比例关系也是牛顿力学在研究动量和外力、作用和反作用时的基本概念。根据这种比例关系,人们在已知物体承受的外力的情况下,可以推知物体的动量的变化;在已知物体的作用力的情况下,可以推知反作用力。贝卡里亚认为,把这种比例关系适用于犯罪和刑罚,可以使刑罚成为犯罪的对应物,它的强度仅仅取决于犯罪的危害程度。这种比例关系的确立,就好像为人们提供了一张犯罪的"价目表",罪行越严重,犯罪人付出的代价就越高、越大。这样,人们想到这张"价目表",就会自动放弃犯罪尤其是严重犯罪的意念。

"罪刑对称"是贝卡里亚刑事政策的思想和核心,它包含

---

❶ 见本书第22页。

两层含义。

第一层含义就是人们最常说的刑罚的强度与犯罪的危害程度对称。"犯罪对公共利益的危害越大,促使人们犯罪的力量越强,制止人们犯罪的手段就应该越强有力。"❶贝卡里亚这里所讲的"对称",带有赏罚得当的含义。他说,如果对几种危害程度不同的犯罪都处以同一种刑罚,比如对打死一只山鸡的人、对一名谋杀犯或一名文件伪造者都处以死刑,这就抹杀了这些罪行之间的区别,造成赏罚上的不当。

贝卡里亚不认为报复是刑罚的本质,他把罪刑对称或者说刑罚的分配正义视为使刑罚发挥最佳效能的策略。他的对称论比较注重整个刑罚体系在宏观上的层次性,认为只有通过刑罚阶梯的层次性,才能为人们提供一个切实的功利标准,使他们经过利弊衡量后放弃无利可图的犯罪意念,从而达到维护社会正常秩序的刑罚目的。后面我们还将指出,贝卡里亚不是把罪刑对称看做是实现报复的要求,而是看做是利用人的心理活动规律发挥刑罚威慑作用的要求。

贝卡里亚的罪刑对称论以刑罚宽和化为基础,对称观念的中心是刑罚阶梯的有序性,这种阶梯可以由较轻的刑罚组成。贝卡里亚指出,不同的国家可以有不同的刑罚阶梯,有的比较严厉,有的比较宽和,这些阶梯虽然都可以是"分配正义"的体现,但它们另一方面也是"衡量自由和暴政程度的潜在的共同标尺,它显示着各个国家的人道程度和败坏程度"。他举例说,有甲、乙两国,在甲国,刑罚阶梯的最高一层是无

---

❶ 见本书第 21 页。

期徒刑;在乙国,最高一层是轮刑。实际上,甲国的最重刑罚的作用不次于乙国,而乙国把刑罚搞得那么残酷却反而会起反作用,如果该国犯罪情况变得日益严重,它就无法再保持刑罚与犯罪的对称关系了。因为,人的感官是有限的,刑罚残酷到一定程度,人们就感觉不出它们之间的差别了,在这种情况下,刑罚"或者必须改变,或者导致犯罪不受处罚"。因此,"一种对人性来说是过分凶残的场面,只能是一种暂时的狂暴,绝不会成为稳定的法律体系"。❶

"罪刑对称"的第二层含义是指特定的刑罚与特定的犯罪对称,即刑罚所剥夺的利益应当恰恰是犯罪所追求或侵害的利益。贝卡里亚认为,各种犯罪所侵害和追求的利益是不同的,有的是为了政治利益,有的是为了经济利益,有的是为了名誉,处罚时应考虑到各种犯罪的不同性质。比如,有些人犯罪是出于狂热的信仰,如果对这种人当众施以体罚,他会不以为然的,甚至以此作为显示自己勇敢和对信仰的忠诚的机会,因而这种刑罚造成的恶果并没有把犯罪人所追求的利益抵消掉,不能发挥心理威慑作用,也不能说是罪刑对称的。

完善刑罚体系应当针对犯罪人所追求的不同利益设置不同的刑种,对于走私犯的刑罚应当是"没收违禁品和随行财物"❷;对于盗窃犯的刑罚应当是"在一定的时间内,使罪犯的劳作和人身受到公共社会的奴役,以其自身的完全被动

---

❶ 见本书第75页。
❷ 见本书第99页。

来补偿他对社会公约任意的非正义践踏"。❶ 对于实施了暴力行为的强盗,刑罚"应该是身体刑和劳役的结合"。❷ 对于那些想从痛苦中获取荣耀和精神给养的狂热之徒,就不能适用身体刑,"讥笑和耻辱却是行之有效的,这种刑罚用观众的高傲约束狂热者的妄自尊大,而且真理本身也恰恰凭借自己的耐力和顽强来避开这种刑罚的韧劲"。❸ 然而,对于政治犯罪❹则不适用于羞辱刑,"耻辱产生于罪过,而不是产生于刑罚。因此,对于因其性质而在公共舆论中造成耻辱的罪过来说,羞辱性刑罚是适宜的;而对于其他那些并不造成耻辱的过错来说,则是不适宜的。大部分政治犯罪的情况就是如此,它们并不表现为邪恶,而是表现为根据自由意志而造成的损害,因而,不能认为它们属于造成耻辱的罪过"。贝卡里亚主张,对于政治犯罪,刑罚"更加注重的主要是矫正,而不是树立戒鉴"。❺

顺便提一下,贝卡里亚并不笼统地反对羞辱刑和身体刑,他认为,这些刑种对于抑制某些犯罪仍然是有效的,刑罚应当"用力量对付力量,用舆论对付舆论"。❻ 但是,羞辱刑不应过于经常地使用,也不应一次施用于一大批人,因为如果过于频繁地借助舆论,反而会削弱它的力量。如果羞辱刑

---

❶ 见本书第 62 页。
❷ 见本书第 62 页。
❸ 见本书第 64 页。
❹ 贝卡里亚所说的"政治犯罪"实际上是指违反行政法规的行政犯罪。
❺ [意]切萨雷·贝卡里亚:《贝卡里亚刑事意见书 6 篇》,黄风译,北京大学出版社 2010 年版,第 43 页和第 36 页。
❻ 见本书第 65 页。

一次施用于一大批人,大家都被羞辱就等于谁也不被羞辱了。对于那些尚未达到一定文明程度的社会,身体刑也是必需的,"在刚刚摆脱野蛮状态的国家里,刑罚给予那些僵硬心灵的印象应该比较强烈和易感。为了打倒一头狂暴地扑向枪弹的狮子,必须使用闪击。但是,随着人的心灵在社会状态中柔化和感觉能力的增长,如果想保持客体与感受之间的稳定关系,就应该降低刑罚的强度"。❶

从以上论述中,我们可以看出,贝卡里亚关于罪刑对称的学说有一个矛盾,他一方面认为刑罚应当同犯罪的社会危害性相对称,另一方面又认为刑罚应当同特定的犯罪所追求的利益相对称。然而,这两种对称所依据的标准却是不同的,社会危害性以犯罪所侵害的客体的社会价值为衡量标准;而特定犯罪所追求的利益则一般以犯罪人的犯罪目的和动机为标准。贝卡里亚的刑罚理论虽然特别强调社会危害性是衡量犯罪的唯一标准,但是,这种"绝对客观主义"态度在刑事政策领域却有所动摇。贝卡里亚的刑事政策思想不仅希望刑罚发挥"一般预防"的作用而且也发挥"特殊预防"的作用。特殊预防就必然得考虑预防对象的特殊性,这时,"绝对客观主义"的缺陷就暴露了。

但是,在一般预防和特殊预防中,贝卡里亚更注重前者,特别是当涉及对具有不同社会身份和阶级地位的人处罚时,他更强调不应考虑犯罪人的人身条件,而以其犯罪的社会危害性为唯一标准。他写道:"有人会说,从教育上的差别以及一个富贵家庭将蒙受的耻辱来看,对贵族和平民处以同

❶ 见本书第125页。

等的刑罚,实际上是不一样的。对此,我回答说:量刑的标尺不是罪犯的感觉,而是他对社会的危害,一个人受到的优待越多,他的犯罪行为造成的公共危害就越大。刑罚的平等只能是表面的,实际上则是因人而异的。"❶贝卡里亚提出的犯罪社会危害性标准是对封建刑法根据人的阶级和等级地位确定刑罚及其执行方式的否定,因此,他的绝对客观主义态度,在当时是十分进步的和有理的。同时,由于他注意到客观主义的量刑标准所掩盖的"因人而异"的不平等,因而在刑事政策领域也提出了一些特殊预防的策略,但这种策略毕竟只是一种朦胧的、不系统的设想,贝卡里亚尚未从理论上解决一般预防和特殊预防这两种策略的矛盾。

三、建立犯罪与刑罚在观念上的必然联系

刑罚是一种"易感的力量",它对人的皮肉造成痛苦,但这种皮肉的痛苦不是刑罚的目的,刑罚的目的是通过皮肉之苦影响人的意志、思想、需求等心理活动,造成一种心理威慑,如何造成这样一种心理威慑,这是刑事政策应当认真研究的一个基本问题。贝卡里亚对这一问题是很注重的,他用联想主义心理学的原理分析人的心理活动规律,并根据这种分析,总结出发挥刑罚的心理威慑效应的若干规则。

联想主义心理学是18世纪哲学家经常借以解释人的心理活动规律的一种学说,对贝卡里亚思想产生过重要影响的

---

❶ 见本书第61页。

洛克、霍布斯、休谟等人都是这一学说的主张者。联想主义心理学把人的一切心理现象都归结为"观念的联想",它把观念分为简单观念和复杂观念,复杂观念是由简单观念联合而成的。观念联合的纽带被当时的学者解释为"吸引力",或"柔力"。❶ 休谟把产生观念间联结的规律总结为三条:第一,相似律,比如看到一张照片,就会自然地想到原物;第二,时空接近律,比如说到一座建筑物的某一房间,便自然地问起或说到别的房间;第三,因果律,比如想到一处伤口,便难免想到由此而产生的痛苦。

贝卡里亚接受了联想心理学的观点,他在《论犯罪与刑罚》中指出:"概念的结合是建造整个人类智慧工厂的水泥。"❷要想发挥刑罚的心理威慑作用,关键是要让人们一想到犯罪就自然而然地联想到刑罚,也就是让犯罪和刑罚成为一对相互联系、不可分离的统一观念。怎样才能使犯罪和刑罚这两个概念之间产生"吸引力",形成紧密的联系呢?贝卡里亚认为需要在运用刑罚时遵循以下三条规则:

第一,刑罚必须及时。这一规则实际上是联想主义心理学的"时空接近律"在刑法理论中的翻版。它的依据是经典力学的这一定律:受吸引力作用的物体越靠近吸引中心,接受的吸引力就越大。贝卡里亚认为,一般人都根据比较直接的和直观的联系行事,因此,使刑罚与犯罪衔接紧凑,有助于

---

❶ 参见高觉敷主编:《西方近代心理学史》,人民教育出版社 1982 年版,第 36—37 页。
❷ 见本书第 58 页。

在人们心理上使刑罚观念与犯罪观念相互间产生强烈的引力。"犯罪与刑罚之间的时间隔得越短,在人们心中,犯罪与刑罚这两个概念的联系就越突出、越持续,因而人们就很自然地把犯罪看做起因,把刑罚看做不可缺少的必然结果。"❶ 只有这样,才能指望相连的刑罚观念使那些粗率的头脑从诱惑他们的、有利可图的犯罪幻想中猛醒过来。"推迟刑罚只会产生使这两个概念越离越远的结果。推迟刑罚尽管也给人以惩罚犯罪的印象,然而,它造成的印象不像是惩罚,倒像是表演,并且只是在那种本来有助于增加惩罚感的、对某一犯罪的恐惧心理已在观众们心中减弱之后,才产生这种印象。"❷

第二,刑罚不可摆脱。它要求犯罪与刑罚之间建立起必然的因果联系,因而是休谟的"因果律"的翻版。贝卡里亚写道:"对于犯罪最强有力的约束力量不是刑罚的严酷性,而是刑罚的必定性"。❸ 即使是宽和的刑罚,只要是不可摆脱的,也就是说是"肯定的",也必定比那种残酷的而又伴随着赦免可能性的刑罚给人以更深的印象,从而赋予犯罪与刑罚以必然性联系。贝卡里亚指出,任何一线不受处罚的希望都会对刑罚与犯罪之间的观念联结造成灾难性破坏。"希望——这一天赐物,往往在我们心中取代一切,它常常使人想入非非,吝啬和软弱所经常应允的不受处罚更加使它具有力量。"❹

---

❶ 见本书第58页。
❷ 见本书第58页。
❸ 见本书第73页。
❹ 见本书第73页。

据此,贝卡里亚不赞成君主掌握赦免罪犯的特权,认为这种"仁慈"是不必要的,仁慈应该是立法者的美德,而不是执法者的美德。"如果让人们看到他们的犯罪可能受到宽恕,或者刑罚并不一定是犯罪的必然结果,就会煽惑起犯罪不受处罚的幻想。既然罪犯可以受到宽恕,人们就会认为:无情的刑罚不是正义的伸张,反而是强力的凌暴。"❶

第三,就是前面谈到的刑罚与犯罪的对称。这一规则有点类似休谟的"相似律"。如果刑罚所造成的恶果同犯罪所可能取得的好处相互抵消,如果刑罚所剥夺的利益正是犯罪人所追求的利益,就会使人感到犯罪无利可图。犯罪在人们观念中的可怕形象,恰恰是由刑罚与犯罪的对称或者说"相似"所造成的。所以贝卡里亚说:"刑罚应尽量符合犯罪的本性,这条原则惊人地进一步密切了犯罪与刑罚之间的重要连接,这种相似性特别有利于人们把犯罪动机同刑罚的报应进行对比,当诱人侵犯法律的观念竭力追逐某一目标时,这种相似性能改变人的心灵,并把它引向相反的目标。"❷

贝卡里亚的联想心理学原理,实际上是把犯罪和刑罚作为对人思想的甲乙两种刺激,如果这两种刺激以相互衔接紧凑、相互对称和不可分离的方式作用于人的心理,经过一定时间的反复之后,当犯罪观念单独出现于人的脑海而不伴之以刑罚的现实威胁时,人们也会自然联想到刑罚,犯罪观念本身就能产生一种刑罚的心理威慑效应。

---

❶ 见本书第 123 页。
❷ 见本书第 58 页。

贝卡里亚的心理威慑论后来被德国刑法学家安塞尔姆·费尔巴哈(von Feuerbach 1775—1833)发展成为"心理强制说"。根据费尔巴哈的理论,直接的体质强制是不足以实现预防犯罪这一目的的,刑罚还应当通过痛苦的威胁,对人造成一种"心理强制",使人畏惧犯罪。这种"心理强制"作用的产生,有赖于刑罚威吓的"实现",即有赖于一部完善的、精确的和通俗的刑法典的存在,以及对这部法典坚定不移、准确无误的适用。

8

成名后的贝卡里亚

《论犯罪与刑罚》的出版,给贝卡里亚带来的更多的是赞扬、敬佩和拥戴。书刚一出版,伯尔尼的爱国者协会在尚不知作者是谁的情况下就作出决定,向作者授予金质奖章,赞扬他是一位"敢于为保卫人类,反对最根深蒂固的偏见而呐喊的公民"。

在短短的几个星期里,《论犯罪与刑罚》的第一版就被抢购一空,紧接着便不断再版。1766年该书的法文译本出版,并在1年内再版7次。同年,第一个德译本出版,1767年在伦敦和都柏林分别出版了两个英译本。1768年在阿姆斯特丹出版了荷兰文译本。1772年出版了波兰文译本。1774年该书被翻译成西班牙文。1802年被翻译成希腊文。1803年被翻译成俄文,献给亚历山大一世,并根据这位皇帝的命令在彼得堡发行。据估计,在18世纪末,《论犯罪与刑罚》的各种版本不下60种。

在法国启蒙思想家中,最早对《论犯罪与刑罚》发生兴趣的是著名作家伏尔泰。1765年10月,已经70多岁的伏尔泰读完该书后非常兴奋,他在一封信里写道:"我今天开始读意大利文的《论犯罪与刑罚》,看上去像是很好的哲学。作者是我们的兄弟。"翌年6月,伏尔泰看望《论犯罪与刑罚》的法文本译者莫雷莱(Andre Morellet)时,同他讨论了此书。事后,莫雷莱写信告诉贝卡里亚,伏尔泰很赞赏他的书,并对贝卡里亚抱着崇高的敬意。

就在这时,一位20岁的法国青年骑士拉·巴尔(La Barre)因对耶稣受难不敬而被判处死刑。根据判决,他应先受刑讯,然后割掉舌头,砍去脑袋,最后再将尸体投入火中。这一残酷的刑罚对伏尔泰震动极大,他下决心同《论犯罪与刑罚》的作者一起投身于反对非人道的刑事制度的斗争之中。几个星期后,伏尔泰写了一本名为《关于处死拉·巴尔骑士的报告》的小册子,接着又写了《关于〈论犯罪与刑罚〉一书的评论》,均系匿名发表。书中,伏尔泰结合这个实例宣传了贝卡里亚的观点,并论证了现行刑事制度的缺陷和矛盾。《评论》一书很快被译成多种文字,并被附入《论犯罪与刑罚》的一些版本之中。

贝卡里亚对伏尔泰敬仰已久,他早就盼咐过他的日内瓦书商把伏尔泰的所有著作都寄给他。在他收藏的伏尔泰著作中,有不少他写的旁批。1767年贝卡里亚曾计划去瑞士看望伏尔泰,但因各种原因没有成行。但是,两位伟人之间经常通信,遗憾的只是一直未能会晤。伏尔泰赞誉贝卡里亚是"一位仁慈的天才,他的杰出著作教育了欧洲"。

1765年初,贝卡里亚的一位朋友,数学家保罗·弗里西(Paolo Frisi)把一本《论犯罪与刑罚》寄给了法国著名数学家、"百科全书派"学者之一达兰贝尔(D'Alembert),后者立即意识到这本书的重要意义,建议另一位"百科全书派"成员莫雷莱将它译为法文。莫雷莱毅然决定放下手头的工作,全力以赴地完成这一任务。他重新编排了章节次序,将全书划分为42章。

1766年1月3日,莫雷莱给贝卡里亚寄去了刚刚出版的《论犯罪与刑罚》法文本,并写了一封热情洋溢的信:

"先生,尽管我还未能有幸与您认识,但我认为我有权给您寄一份我译的您的著作《论犯罪与刑罚》。所有国家的文人相互间都由比联系同一国公民、同一城市居民和同一家庭成员更为紧密的纽带联系在一起。因而我希望同您建立思想和感情上的联系,希望您不要拒绝一位您虽不认识但却爱戴您并对您怀有友谊的人,这种友谊产生于对您那杰出著作的阅读。

"同我有亲密友好关系的达兰贝尔去年6月借给我一本您的著作,我兴奋地阅读了它。他劝我中断一切其他工作,把这本书译成我们的语言。说真的,用不着劝告,我也会承担这一任务。……翻译结束后,我把译文读给达兰贝尔和知道并欣赏原著的朋友们听。从译文发表至今,已过去了8天。我没有先给您写信,是因为我想让您知道公众对您的著作的印象。现在我可以肯定地对您说,先生,成功是普遍的,而且伴随着对这本著作的钦佩的是对作者最美好的感情——崇敬之情、感激之情、关注之情和友谊之情。我受特别委托,向您转达狄德罗、爱尔维修、布佛(Buffon)的感谢和祝贺。我们长时间地同狄德罗讨论过您的著作,他对此非常激动,我应当把我们讨论中出现的一些评论告诉您……我也已经将一本书交给了卢梭,他正路过巴黎,几天后将去英国,并已决定在那里定居。在巴黎住了几年的休谟委托我转达对您的问候……我没必要提及达兰贝尔,他一定已直接给您写信了。"

"实际上,我想补充说,如果您工作和条件允许您来法国旅行的话,您应当来这里亲自接受您受之无愧的感谢和尊敬。我以我个人的名义并以所有我已向您提及的人的名义建议您这样做。……我多么盼望得到您的回信,听到您对我的译文的意见。"

莫雷莱在这封信中,除了讨论了他译文中的一些问题外,还希望得到贝卡里亚的生平简历,以便向读者介绍。贝卡里亚收到信后十分高兴,立即于1766年1月26日写了一封很长的回信,倾吐他对法国启蒙思想家们的崇敬,并叙述了他思想转变和发展的过程。

贝卡里亚的书在法国知识分子中引起了强烈反响,贝卡里亚被邀请到巴黎访问。他父亲对此表现出极大的热情,他意识到这对儿子的前程将大有裨益,所以不惜为此举债。债主据说正是韦里兄弟的父亲。彼得罗·韦里也接到邀请,但是因为在政府供职,不能成行,所以委托弟弟亚历山德罗陪同贝卡里亚前往。

1766年10月2日,贝卡里亚在亚历山德罗的陪伴下,乘坐费用昂贵的马车从米兰启程。贝卡里亚是第一次出远门,离开自己的家庭和妻女,这给他的心绪蒙上一层阴影。经过两周的长途跋涉,贝卡里亚一行抵达巴黎。欧洲大都市的风采和法国朋友们的盛情款待,给贝卡里亚留下了深刻的印象。他在10月19日第一封发自巴黎的给妻子特雷莎的信中描述道:"巴黎城确实很辽阔,人潮如涌,居民区很漂亮,这一切给我留下了最深的印象。我见到了弗里斯、达兰贝尔、莫雷莱、狄德罗和霍尔巴克伯爵。今天上午我在霍尔巴克那里吃的饭。你想象不出他们对我和我的同伴表达了怎样的欢迎、热情、赞扬、友谊和尊敬。狄德罗、霍尔巴克伯爵和达兰贝尔尤其对我们大加赞扬。达兰贝尔是一个高尚的人,同时又非常简朴。狄德罗以他的方式表现出兴奋和和蔼。总而言之,除了亲爱的你本人外,我什么也不缺少。所有的人都设法让我高兴,而这样做的人都是欧洲最伟大的人;所有的人都甘愿听我讲话,没有任何人向我摆架子。我住在一所非常漂亮的公寓里,在城市中心。爱尔维修和布佛仍在乡下,莫雷莱对我万分客气,待我们像真正的朋友,他努力满足我们的一切愿望。你记住我常常地爱你,同整个巴黎、所有这些令人愉快的事情相比,我更喜欢我亲爱的妻子、我的孩子、我的家庭、我米兰的朋友们,尤其是你。我决不撒谎,你把这当真吧,别看做是奉承。"

贝卡里亚在巴黎虽然被簇拥在赞扬和敬慕之中,但是一直心情忧郁,对妻子和家人的思念几乎到快要发疯的地步。亚历山德罗在给他哥哥的信中这样写道:"我担心他是疯了;他老是在想侯爵女儿可能死了;我再也不同具有伟大想象力的人出去了,再也不了。"

10月25日,即到达巴黎的一周后,贝卡里亚给他妻子写信说,他已决心尽快返回米兰。信中附有一封让他父母、朋友和外人看的信,称自己身体状况不佳,以此作为提前返回米兰的借口。他说,制造这样的假象是"为了我自己,同时又不损害任何他人"。

韦里得知贝卡里亚要提前离开巴黎的消息后,又吃惊又生气,立即于10月26日写信给他说:"你的妻子生活得非常好,如果她像你那样在巴黎,肯定不会有你那样的想法。你的女儿们也都很好,她们一点不需要你。"并且批评他说:"谁都会把这归咎于你心灵的软弱,理智的人会说,当你写作时站得多么高,而当你不再写作时你的水平又多么低。"韦里又给特雷莎做工作,让她劝说丈夫不要匆忙回来,应该三思而行。特雷莎接受了这个意见,写信给丈夫,说如果提前返回会使人以为他在巴黎受到了冷遇,希望贝卡里亚考虑今后的前程,在巴黎多待几天。

但是,这一切劝告均无济于事,贝卡里亚于11月15日给韦里写信说:"亲爱的朋友,我已经将近30岁了,你说让我这样吧,让我按照自己的感觉、自己的性格和自己的需要度过自己的生涯吧。……我已经离不开我那低矮的住所。我已经仔细参观和考察了巴黎,我已经建立了无数有益和重要的友谊,我已经为我今后的幸福播下了种子……一切都告诉我应当返回,你的任何反对都是多余的。相反,我求你看在友谊的分上,给我父亲一点精神准备,别让我多受无益的指责。"

1766年12月初,贝卡里亚不顾韦里兄弟和家人的劝说和反对,离开了巴黎,并于12月12日回到米兰。他原计划在巴黎逗留5至6个月,实际上只在那里待了6周,算上路上花费的4周时间,他这次出门一共才10周。但对贝卡里亚来说,却好像经过了漫长岁月。

人们对贝卡里亚巴黎之行的表现众说纷纭。有人说,他中途返回,表明他具有独立的精神。他把天伦之乐看得重于别人对他事业的赞颂和伟人们的垂青,这是难能可贵的。有人则认为这证明他性格懦弱,过于多愁善感,意志不坚强,思想不成熟。另一些人把这归咎于贝卡里亚对特雷莎放不下心,因为特雷莎年轻漂亮,活泼爱动,她身旁有一大批追逐者。在刑法史上几乎与贝卡里亚齐名的刑事人类学鼻祖切萨雷·龙勃罗梭,按照自己的理论作出另一种有趣的解释,他认为:每个天才都同时是一个精神病人,他在某一方面所表现出的超常才能往往是以另一方面能力低下为代价的。龙勃罗梭把贝卡里亚列为实例之一。

回到米兰后,贝卡里亚同韦里兄弟的关系开始恶化。一方面,他们对贝卡里亚过分恋家表示不满;另一方面,某些个人因素也在其中起了作用,比如,亚历山德罗曾抱怨说,贝卡里亚成了人们注意和颂扬的中心,而自己却是"没有得到一点反光的柱子",韦里则不满贝卡里亚的目中无人。韦里曾一度放风说,他能把贝卡里亚因写作《论犯罪与刑罚》而获得的声誉彻底毁掉。在给他弟弟的一封信中,他写道:"如果我们当中谁愿意的话,可以给这棵树的树干致命一击。这样说是因为,我可以在一个月里从刑法学家那里,从孟德斯鸠、爱尔维修、伏尔泰和格雷维(Grevio)那里找到大量与他相类似的论点,使他显得像个剽窃者。"话虽这么说,韦里毕竟没有这样做,并且表面仍保持与贝卡里亚的友谊。

实际上,韦里的这些气话根本不足以成为否认《论犯罪与刑罚》出自贝卡里亚之手的证据。彼得罗曾经写道:"谁能预想到《论犯罪与刑罚》一书的坚强作者竟然如此的胆怯。"这批评本身就包含着一种肯定。在贝卡里亚死后,彼得罗·韦里依然称赞他是"第一位敢于指出社会科学重大问题的天才","以热烈和激昂的哲学,勇敢地为受虐待者的事业辩护,他的辩护不无危险,但收到良好的结果,暴政对此惶惶不安,颤抖的人类却传播他的声音,酷刑、刑讯、残暴在所有诉讼程序中都被废除或减轻了,这是这本独一无二的书的功劳"。亚历山德罗在1780年从罗马写给彼德罗的信中也承认:"的确,贝卡里亚的杰出声誉远不是那些江湖骗子依靠投机取巧和哗众取宠所能获得的,他的这种声誉产生于那部著作的内在功绩。"

贝卡里亚没有独立的经济来源,他一直依靠父亲的俸禄和祖先的遗产生活。这种情况令贝卡里亚惭愧,妻子也盼望小家庭能经济自立,虽然一家人已和平共处,但她还是记得以前受过的冷遇,同小姑子也不时发生龃龉。去巴黎以前,贝卡里亚就开始活动,想在政府机关谋一个职位,曾经给当时的伦巴第总督费尔迪南多大公寄去了《论犯罪与刑罚》和关于货币制度改革的著作,要求得到一个司法或经济方面的职位,但是一直如石沉大海。

贝卡里亚在巴黎访问期间,从俄国传来一个意想不到的好消息。1766年11月18日贝卡里亚的好友,舞蹈家安乔里尼(Angiolini)从彼得堡来信说:"赛拉岑(S. E. Selaghin)阁下(内阁大臣)不仅阅读了,而且很赞赏您的著作。针对这个国家实施的为调查犯罪而先施刑的旧制度,在于那尔瓦(Narva)建立的新城赛堡(Semburg),他已经颁布了再不要对任何人进行刑讯的法律。我还要告诉您:女王已经看过您的著作,她内心对阁下所致力的服务和维护人类的事业深表同情。"

当时的俄国女皇卡德琳娜二世和法国启蒙学者达兰贝尔是好朋友,相互间经常通信,达兰贝尔送给女皇一本《论犯罪与刑罚》,卡德琳娜读后颇受启发。她决定尽快成立一个立法委员会,按照改革家们提出的原则编纂新刑法典。俄国女皇想请贝卡里亚来参加有关的立法工作,她通过俄国驻米兰的代表询问贝卡里亚是否有兴趣接受这一职位并有哪些要求和条件。

贝卡里亚的妻子特雷莎对这一邀请产生了浓厚的兴趣。她知道这意味着丰厚的报酬,并能使她的小家庭摆脱贝卡里亚的父亲而独立生活。但是贝卡里亚却犹豫不决,巴黎之行已使他对任何远离故乡的计划产生厌倦;同时他又不愿意拒绝妻子所赞成的邀请。于是,写信征求朋友们的意见。莫雷莱坚决反对:"我真不明白,亲爱的朋友,您怎么能认真地提出是否应当去俄国的问题。如果您没有家庭,没有朋友,如果您不是居住在一个气候宜人的国家,我也许会对您说:去吧。但在您目前的情况下,尤其是考虑到您的性格,如果您远离您的朋友和您的国家,离开那些新书,脱离与作家和文人们的经常联系,您的孤独感将更为强烈,在这种情况下,您这样做真是疯了。"达兰贝尔没有直接表示反对,只是提醒贝卡里亚好好权衡一下,是否值得为一个"不那么有吸引力的"国家而离开自己的祖国,并且嘲笑卡德琳娜是一位"最好把她当做情人而不是当做妻子"的女王。达兰贝尔本人也接到过卡德琳娜的邀请并已谢绝,看来他不愿意支持自己的意大利朋友走这条路。

贝卡里亚也给他的保护人费尔米安伯爵写信征求意见。实际上,卡德琳娜的邀请是他向当局提出要求的最好筹码。果然,费尔米安非常重视这件事,立即写信告诉维也纳中央政府的考尼特兹亲王。这位主管荷兰和伦巴第事务的奥地利大臣于1767年4月27日给费尔米安回信说:"但愿别在国家中失去一位不仅以知识武装着,而且从他的书来看,似乎也习惯于思考的人,尤其在我们缺乏思想家和哲学家的情况下,如果他的才能率先受到外国尊重,这似乎并不会给整个内阁带来多大荣誉。"考尼特兹让费尔米安向他提供贝卡里亚的详细情况,后者迅速补报了有关材料,并建议任命贝卡里亚为米兰宫廷学校的公法教授。考尼特兹同意了这一要求,但说当时正在推行教育制度改革,任命要待改革完成后才能决定。

贝卡里亚在得知有可能在米兰宫廷学校取得教授职位后,终于决定正式谢绝卡德琳娜的邀请。1768年11月1日,费尔米安伯爵写信告诉贝卡里亚,奥地利政府已正式决定授予他米兰宫廷学校经济贸易学教授的职位。

米兰宫廷学校是伦巴第地区两所高等学府之一,另一所是贝卡里亚就读法律的母校帕维亚大学。同帕维亚大学相比,宫廷学校的教育制度不那么严格,但教育改革之后,教授的职位从6人增加到14人。奥地利女皇玛丽亚·特雷莎专门发布了一项命令,宣布在米兰宫廷学校增加经济学讲座,并将讲座教授的职位授予"以其著作在文化界获得光荣的名字的"贝卡里亚。命令规定,这一讲座对于一切想在经济和金融界谋职的人来说是必修课。

1769年1月9日,刚满30岁的贝卡里亚,踌躇满志地登上米兰宫廷学校的讲台,举行了经济学讲座的首讲式。费尔米安伯爵等米兰显要人物前来致贺,彼得罗·韦里也出席了首讲式。在第一课上,贝卡里亚回顾了人类文明的发展历史,特别强调了各门科学之间的内在联系,雄辩地说:"把自己局限在自己学科范围内,忽略相似和相邻学科的人,在自己的学科中绝不会是伟大的和杰出的。一个广阔的大网联结着所有真理,这些真理越是狭窄,越受局限,就越是易于变化,越不确定,越是混乱;而当它扩展到一个较为广阔的领域并上升到较高的着眼点时,真理就越简明、越伟大、越确定。"贝卡里亚的这段话是他的座右铭,也是他成功的经验总结。他的《论犯罪与刑罚》能够提出为后人所普遍接受的刑法原则,的确受益于他广博的科学知识和科学的思维方式。

第一讲便赢得了喝彩,获得了成功。费尔米安伯爵立即把他的讲稿寄到维也纳,并很快被译成法文和英文发表。

贝卡里亚的经济学课程为期2年,共分6部分:① 经济学基本原理;② 农业;③ 商业;④ 工业;⑤ 税收和金融;⑥ 公共安全和秩序。这是学校最受欢迎的课程之一,100多名学生注册听课,很少有人中途放弃。

贝卡里亚认真撰写教案,讲课基本是照本宣科。费尔米安和考尼特兹都曾敦促贝卡里亚早日将他的教案编辑成书,但是贝卡里亚似乎并不急于出书。他认为他的教案只是为授课而写的,直到贝卡里亚去世以后,他的一位学生才将手稿整理誊清,以《公共经济教程》为题,于1804年在米兰出版。但"税收和金融"和"公共安全和秩序"两部分没有收入。有人认为,这两章的手稿已经丢失,另一些人则认为是贝卡里亚删掉了。

关于贝卡里亚的著述,需要补充的是,从巴黎访问归来后,贝卡里亚写过一本题为《有关风格本性的研究》的语言学著作,1770年出版。该书虽然没有引起什么轰动,莫雷莱还是把它译成了法文,于1771年在巴黎出版。贝卡里亚在书的引言中说,他还将写出下册。在他死后,人们只发现了下册的一章手稿。

贝卡里亚还曾计划写一本有关社会发展史的书,研究人类从野蛮社会向有组织社会的演进过程,尤其论述法制在人类社会进步中所起的重要作用。他给这本书起了一个奇怪的名字,叫《国家的清洁》。但是,这个写作计划没有实现。

贝卡里亚虽然当上了教授,但是工资并不高,家庭生活常常入不敷出,有时甚至无钱付订购的书账。贝卡里亚还是想在收入较高的政府机关谋职,他亲自给考尼特兹写信,希望调入"米兰公共经济最高委员会"工作。这个委员会是1765年建立的一个政府咨询机构,它的主要职能是提出经济领域的立法建议,并配合中央政府为解决地方经济问题出谋划策。

1771年4月29日,考尼特兹大臣正式任命贝卡里亚为米兰公共经济最高委员会委员,但要求他继续在宫廷学校讲课,直到找到合适的接替人为止。因而,在大约1年的时间里,贝卡里亚只好身兼两职。在委员会工作期间,他参加过许多重要的改革活动,如票据改革、货币改革、度量衡改革等,提出过不少咨询意见和具体的实施方案。

1774年3月14日,贝卡里亚久病的妻子特雷莎去世,年仅29岁。两个半月后,贝卡里亚同安娜·巴尔玻结婚,婚后生有一个儿子。贝卡里亚迅速地再婚,使不少亲友颇有微词。他的大女儿也起诉要求获得母亲的遗产,宣称他父亲因第二次婚姻而丧失共同继承权。

1782年,贝卡里亚的父亲去世,遗留下城里和乡下的房产以及价值6万里拉的财产,贝卡里亚作为长子获得了大部分遗产的继承权。为父亲的遗产分割问题,他与两个弟弟也发生了争议。

贝卡里亚性格和观念上的矛盾,也表现在他同大女儿朱莉娅的关系上。他本人曾谴责8年的教会学校生活扼制了他心灵中的人道情感,但是却把自己的大女儿送进了修道院学校。他曾深切体验过父母干涉子女婚姻的痛苦,而他却强迫朱莉娅与一个比她大26岁的鳏夫结婚。不幸的婚姻最后导致朱莉娅与丈夫分居,为此,她很怨恨自己的父亲。

1785年,米兰公共经济最高委员会被改为政府委员会,职权扩大。委员会划分为7个部,贝卡里亚被任命为第三部的负责人,主管农业、工业和商业。实际上,他主管的事要繁杂得多,从食品供给、商会、货币、度量单位、集市、森林和矿产保护、渔猎,到人口统计,贝卡里亚对这些问题都发表过自己的见解。

1789年10月,贝卡里亚被调任第二部负责人,主管警察、法庭、监狱和管教所,负责社会治安的维护和刑事法律的制定,从经济界回到法律界。1790年,贝卡里亚辖区内的科莫市发生了一系列失业工人的抗议示威,警察出面镇压,逮捕了一些示威者,局势仍不断恶化。贝卡里亚亲赴科莫研究对策。他力排众议,反对用镇压手段解决问题,也反对将闹事的工人强制充军,认为这样做无助于从根本上改善局势。他主张对失业者给予救济,鼓励各种工业和当地手工业的发展,创建一个比较稳固的经济基础。贝卡里亚提出的这些策略,在实践中取得了积极的效果。

1791年,根据奥地利皇帝利奥波德的指示,贝卡里亚被任命为伦巴第刑事立法改革委员会的成员。当时奥地利的新刑法典刚刚颁布,但不适用于伦巴第。委员会的任务是根据伦巴第的特点,研究适用《奥地利刑法典》的可行性,也可以考虑根据本地情况并参考《奥地利刑法典》的规定,起草自己的刑法典。利奥波德皇帝继位前曾主持制定过《托斯卡那刑法典》,他非常赏识贝卡里亚的学说,并竭力在自己的立法中加以汲取,比如废除了刑讯、没收和肢解刑,甚至大胆地废除了死刑。现在他亲自把贝卡里亚推上了刑事立法的第一线,为贝卡里亚一展自己的抱负提供了机会。

可惜的是,这时候贝卡里亚已进入他生命的最后几年。他留下了一些书面的咨询意见,其中关于刑事立法的有:《论警察》(1790年)、《关于政治犯罪问题的简略思考》(1791年)、《论无期徒刑计划》(1791年)、《改善被判刑人的命运》(1789—1791年)、《论管教所》(1791年)和《关于死刑的意见》(1792年)。

《关于政治犯罪问题的简略思考》阐发了他自己的刑法

思想,认为应当把那些本性在于直接破坏社会关系的犯罪,同那些只是间接损害社会的违法行为区别开来,称前一类行为为"罪恶的犯罪",后一类行为为"政治犯罪"。❶ 他写道:"政治犯罪不表现为邪恶,而表现为有意造成的损害,它们是单纯的过错而不是故意;用罗马法的术语讲,它们不是'恶行',而是'准恶行';对于这类犯罪,应当特别注意行为人的地位,因为,棍棒可以矫正一个卖苦力的人,而对于一个高贵者、一个诚实的商人和任何文明的人却是一种侮辱和毁灭,并且使其整个家庭都陷入最悲哀的耻辱当中。这样的刑罚不再同犯罪相对称,而是被大大加重了。"❷

1792年1月12日,伦巴第刑事立法改革委员会开会讨论了死刑的存废问题。贝卡里亚处于少数派地位,同其他成员对峙,其中包括一些著名的法学家。由于意见不一致,商定暂时搁置这一问题,并向考尼特兹大臣提交了两份附有发言记录的报告。少数派的报告由贝卡里亚执笔,这就是《关于死刑的意见》一文。他在文中写道:"我们三位签名人坚定地认为不应当适用死刑,除非存在着具有某种积极必要性的情况,在社会的和平状态中并且在正常的司法管理条件下,我们很难发现这种积极必要性,只有在一种情况下才会出现此必要性,即:某个犯罪以阴谋颠覆国家,尽管受到监禁并被严加看管,却仍能通过所继续保持的内外联系重新侵扰社

---

❶ 参见本书第134页关于"政治犯罪"的注释。
❷ [意]切萨雷·贝卡里亚:《贝卡里亚刑事意见书6篇》,黄风译,北京大学出版社2010年版,第45页。

会,并且陷社会于危难。""我们前面列举的那种情况外,不宜适用死刑。首先是因为死刑是不必要的,因而是不公正的;其次是因为死刑不如终身刑有效,如果这种终身刑具备有效和持续的公开性;第三是因为死刑是不可补救的。"❶

两年之后,1794年11月28日,贝卡里亚因中风,在米兰家中与世长辞。

---

❶ [意]切萨雷·贝卡里亚:《贝卡里亚刑事意见书6篇》,黄风译,北京大学出版社2010年版,第18页和第20页。